U0518202

销售一号位

郭庆（老K） 著

中信出版集团｜北京

图书在版编目（CIP）数据

销售一号位 / 郭庆著 . -- 北京：中信出版社，
2023.6 （2023.8重印）
　ISBN 978-7-5217-5764-4

　Ⅰ . ①销… Ⅱ . ①郭… Ⅲ . ①销售－方法 Ⅳ .
① F713.3

中国国家版本馆 CIP 数据核字（2023）第 095838 号

销售一号位
著者：　郭庆
出版发行：中信出版集团股份有限公司
　　　（北京市朝阳区东三环北路 27 号嘉铭中心　邮编　100020）
承印者：　宝蕾元仁浩（天津）印刷有限公司

开本：880mm×1230mm　1/32　印张：9.25　　字数：191 千字
版次：2023 年 6 月第 1 版　　印次：2023 年 8 月第 2 次印刷
书号：ISBN 978–7–5217–5764–4
定价：79.00 元

推荐语

美团前 COO　阿干

最近老 K 说写了一本销售管理的书，让我看看。我当时心里有点诧异。回想起 10 年前第一次见老 K，跟他聊完后我很纠结：一方面，觉得他人很好，综合素质强；另一方面，觉得他并不是典型的直销管理人才，他虽有自己的经验和风格，但这并不适合当时已形成标准化直销管理的到店业务，于是我跟公司 HR 推荐让他去外卖、酒旅这类早期业务板块试试。后来他在酒旅干得很好，一步步晋升，进入美团 S-team，我心里还有点小得意，觉得自己的感觉和判断还行。

《销售一号位》这本书跟其他讲销售管理的书很不一样，是老 K"带艺从师"进入美团后，融合了美团直销和科学运营等方法论后形成的思考，带有明显的"业务一号位"视角，自上而下地解构销售在企业中的定位和管理方法论。我看完收获很大，推荐给大家！

美团高级副总裁　张川

拿到这本书的样稿以后，我迫不及待地读了起来。老 K 在销售方面经验丰富，有在前端管理销售团队打仗的经验，也有成熟的销售运营管理经验，比多数销售管理者更加有利的是，老 K 还有站在更高的层面上，也就是业务一号位看销售管理的经验。可以说，《销售一号位》为我们提供了一种 360 度的视角体验，其视角的丰富度，不同角度的输入，都显示这本书非常值得一读。

销售一号位，这个定义非常好，虽然"一号位"不是美团的传统叫法，是源于阿里的一个名词，但是它从概念上把销售管理综合统一为一个整体，从整体看如何做好销售管理、人员管理以及运营管理。销售实际上是一件非常综合的事情，但很多时候大家认为它就是卖东西。老 K 在这本书里阐述了大量运营方法，例如 BML 模型，例如如何提供销售工具，这些都将销售当成了客户运营和签约成功的第一触点，不是仅仅卖给客户产品，而是综合为客户服务的全方面的运营管理。

在新的时代，竞争越来越激烈，依靠一两个创意、一两次战役胜利就能成功的方法论的价值越来越小。老 K 的销售一号位的理念，将销售管理看成一个以终为始的全流程、全系统的管理方式，是销售领域未来的发展方向。

我的另一个收获是，书中虽然讲了很多销售管理的理念和方法，但我感觉从业务视角看销售一号位是书中最精彩的内容。站在销售管理的角度看销售管理，是管中窥豹；站在业务的角度看销售管理及其与产品、研发的关系，还有它在不同业务阶段的作用，这些才是非常好的业务一号位辅导销售一号位的方式。

美团有句老话叫"从书中学，与'高人'聊，在'事'上练"，这本书凝结了老 K 十多年的经验、教训和思考，是一本帮助销售管理者快速成长的好书。作为老 K 多年的同事，能向大家推荐这本书，是我的荣幸！

脉脉创始人兼 CEO　林凡

郭庆是我多年的老友，他是一个充满智慧和激情的人。在中国的商业战场上，像郭庆这样"能文能武"的将才其实很少见。郭庆从 0 到 1，又从 1 到 100，在短短的几年时间内，带领美团酒旅完成了行业登顶之旅，战绩辉煌。他不仅在实战中具有极其丰富的经验，同时还能不断抽象、发展自己的理论模型，形成了一套行之有效的方法论，指导一支庞大的军队攻城略地。这种文武双全的能力令我十分佩服。

如今，看到手中这本《销售一号位》，能以老朋友的身份写几段推荐语，我感到非常荣幸。

郭庆在这本书中阐述了销售一号位的使命、核心能力、成长路径，以及十大误区。他以简练、深刻的文字，展示了一个成功的销售领导者应具备的品质、技能和智慧。这不仅是一份关于销售领导力的教程，更是一本关于如何在激烈竞争中取得胜利的智慧之书。

在阅读这本书的过程中，我深感受益匪浅。郭庆老师的理念和见解让我重新认识了销售领导者的责任与使命。这本书既有理论的严谨性，又有实践的可操作性，对追求卓越的销售领导者而言，无疑是一部宝贵的指南，值得经常细细品读。

郭庆进入了新的赛道，他创办了橡鹭科技，翻开了新的事业篇章。我相信，在他的带领下，橡鹭科技一定会成为餐饮机器人行业的佼佼者，推动餐饮行业的智能化变革。

在此，我向他表示敬意，并祝愿这本书能够成为销售领导力领域的经典之作，得到读者们的喜爱与认可。

动因体育创始人　那立伟

企业在经营过程中要做好两件事情：第一，在多种方案中，找到和企业现状最适配且最能使客户满意的一种；第二，管理者通过实施方案，拿到结果。这两件事情都跟企业的销售负责人密切相关。

但在日常工作中我们会发现，销售负责人往往是不全面的，有的仅站在销售的角度看待问题，不能站在公司长期经营的角度去思考、做决策；有的销售管理者只关注销售团队单兵作战的能力，不能借力其他团队，导致拿到短期结果容易，长期打胜仗的能力薄弱。

市面上很少有专门针对销售负责人开设的成体系的课程，所以成长为优秀的销售负责人并不容易。

读完老 K 的《销售一号位》，我非常惊喜，也收获颇丰。这本书融合了老 K 多年的宝贵管理经验，详细地讲解了销售一号位的使命、核心能力、成长路径，甚至销售一号位的十大误区，这是一本非常好的指导手册，我们公司已经开始运用其中的策略指导工作。

这本书可以作为销售运营管理领域的"葵花宝典"，推荐企业 CEO 和每位中高层管理者阅读和学习。

核桃编程合伙人、COO　齐峰

我和这本书的作者老 K 是多年的好友，我的管理实践也承蒙他多年的辅导，我深知他的管理水平和经验，因此非常有信心向大家推荐这本书。

在传统的销售管理中，很多人会把销售负责人和销售一号位混为一谈。然而，这两者之间还是有很大区别的。销售一号位通常是团队中的领导者，需要管理整个销售团队并制定销售策略；而销售负责人则更加注重实际销售过程的管理和执行，需要对销售流程和业务流程进行全面管理，以确保销售目标的顺利实现。

传统的销售管理通常强调情商的重要性，而这本书却相反，更加强调系统性思维的重要性。只有具备系统性思维，销售一号位才能更好地掌握销售管理的本质和核心，从而制定更加科学和有效的销售策略及方案。

这本书涵盖了多个经典模型和方法论，如 BML 模型和 UE 模型等，这些模型和方法论都是经长期实践反复验证过的。和以往偏重理论的书不同，这本书用简洁生动的语言，告诉你什么时候应该使用这些模型，能解决什么问题。就像是告诉你夹菜的时候要用筷子，喝汤的时候要用汤匙，而不是过分强调筷子应该如何使用，汤匙应该如何使用。

这本书还纠正了一些销售管理者个人成长中的理念误区，这些理念误区对一些销售管理者的成长产生了隐蔽而巨大的影响，有一些甚至成了他们无意识的底层假设，限制了很多优秀的销售管理者的成长。和传统销售管理的书不同，你在阅读这本书的时候，会发现这本书非常有层次感，重点也很明晰。这是作者从多年丰富的实战中总结出来的经验。我相信，通过对这本书的学习和实践，每一位读者都可能成为优秀的销售一号位，具备系统性思维和战略眼光，开创销售管理领域的新局面。

这本书的价值不仅在于它的实用性和可操作性，更在于其系统性思维和管理理念，这是传统的销售管理书所不具备的。只有通过深入理解这本书所阐述的系统性思维和管理理念，才能真正地在销售管理领域发挥自己的价值和作用。

最后，我要感谢这本书的作者，他用多年的实践和经验总结出了这本精彩的书，向包括我在内的销售管理者展示了销售一号位的精髓和核心。这本书是一本引领我们走向销售管理成功的指南，是一本帮助我们打造最优销售管理模式的秘籍。它提供的思维和方法论，将让我们在销售管理领域迈上更高的台阶。

锦江酒店（中国区）首席执行官　常开创

今天读完老 K 的新作《销售一号位》，收获良多。老 K 说："销售一号位的使命是服务客户需求，助力业务发展。"我深以为然！销售一号位是以客户为中心，并以此主导组织的商业模式和组织架构的设计。销售一号位是铁军统帅，你的团队，你指哪儿，大家打哪儿。销售一号位有时候是孤独的，是痛苦的，更需要经常深入一线，调研市场，洞察客户后进行深度思考：公司当下如何？未来竞争力如何提升？我的客户是谁，有没有发生变化，我们还能给客户提供什么服务？如何管理团队？团队如何更高效地服务和创造客户？老 K 的这本书会给你很多启发和实战经验引导。

尚美数智科技集团董事长兼 CEO　马英尧

尚美 2010 年起步于三、四线城市，彼时中国的连锁酒店业格局已经比较成熟，此前从未涉足酒店业的我们，带着销售团队用 4 年时间签约了 1000 家酒店，2015—2016 年两年间又实现了 1000 家酒店的签约。可以说，老 K"从零起步、七年突围"的经历，我感同身受。他的这本书不仅是在行业搏击十数载的前线观察，也是他对用户服务、增长赋能、人生哲学方面的真诚分享，有手把手的理论实践，也有对常见误区的抽丝剥茧。如何制定清晰的战略、如何在内部建立良性的沟通、如何打造有战斗力的团队、如何与时俱进完善致力于一号位的自己，我们都能在书中得到解答。尚美作为一家拥有数百人的开发队伍、管理 4000 多家门店的酒店集团，经历了书中描述的从探索、进攻到发展、变革的各个时期，我作为一号位也与团队携手走过，有着深刻体会。对于创业路上在战略抉择、产品定义、团队培养、机制设计等方面的经验，老 K 以平实真挚的文字进行了演绎。《销售一号位》

是职场新人获得启迪的箴言宝库，是销售中坚力量谋求发展的行动指南，也是业务一号位在复盘求索时的衣冠镜。我相信，一旦领会了书中"一号位"的心法、做法，作为销售个人和团队的价值自然会得以实现。

目录

4 销售一号位的
十大误区 _ 177

自序

我写《销售一号位》的初衷是把自己 20 多年来在工作中的一些实践和思考做个小结，并给大家做个分享。

管理者对管理的理解各不相同，我的理解是：管理是为业务发展服务的，包含"做正确的事"和"正确地做事"两个层面。但不同业务的客户需求不同、核心能力不同、业务发展阶段不同、竞争环境不同、获取资源的多寡不同，这些差异都决定了我们很难用同一个模子去要求销售一号位。

管理的理论和方法千千万万，但销售一号位的核心使命和价值是不变的，那就是基于实际业务的情况和组织能力的现状实现业务目标。虽然面对多个变量的影响，我还是期望能够通过自己有限的认知，尽绵薄之力去抽象一些共性，帮助销售一号位在工作和成长过程之中，少犯一些我曾经犯过的错误，少踩一些我曾经踩过的坑，减少对自身精力和组织资源的无效消耗。毕竟，我们离失败越远，就离成功越近。如果本书在这个层面对各位销售一号位有一点帮助，我就十分欣慰了，这也是本书的第一个目标。

销售是一个看似门槛低，其实天花板极高的职业。全球的大学很少有开设"销售"相关课程的，这与人事、财务、法务等其他以社会科学专业知识为基础的职业不同，与软件研发工程师、硬件工程师等以自然科学专业知识为基础的职业更是大有不同。

在没有共识理论的前提下，以下两种局面经常出现。

- 大家很难对"销售评价"形成共识，只能把销售结果作为评价的重要因子。
- 很多人都极具勇气对销售工作进行评价，尽管大多是偏颇甚至错误的——与财务、法务、研发等职业形成了鲜明对比，大多数不具备专业知识的人在评价这些工作时总是显得小心翼翼。

加强对彼此的了解总是有一定效果的。如果本书可以让相关上级、同僚增加一些对销售工作的了解，那么本书的第二个目标就达到了。

拉姆·查兰的《领导梯队：全面打造领导力驱动型公司》（下文简称《领导梯队》）是一本领导力发展领域的优秀图书，有理论、有案例地讲述了从"管理自我到管理他人、管理管理者、管理一个部门、管理一个业务、管理多个业务到管理一个集团公司"的成长路径。

如果具体到销售的职业发展路径，要如何帮助销售新人成长为销售一号位呢？我认为当前市面上缺乏类似《领导梯队》这样清晰有效的图书，我自己也摸索了十几年才逐渐胜任了销售一号位，更何况其中有很长一段时间，我在错误的工作理念中不能自拔，因工作技能的缺乏暗自神伤，在对自己未来职业发展道路的迷茫中辗转反侧。如果本书可以对销售工作者的职业发展有一点参考价值，那么本书的第三个小目标就实现了。

少犯低级错误、增加对彼此的了解、明晰职业路径，就算是这本书的目标吧。

前言

什么是销售一号位？有人会说，销售一号位不就是销售负责人吗？

在与销售界同行探讨时，我们认为一个人可能是销售负责人，但不一定是销售一号位。二者存在本质区别，销售一号位是具有更高商业思维的销售负责人。销售负责人更多是"术"的执行，而销售一号位除了"术"还有"道"的谋划；或者说销售负责人更侧重"做"（do），而销售一号位则需要思考"怎么做"（how），甚至是"为什么这样做"（why）；销售负责人可以是一位专才，销售一号位则要是一位将才甚至帅才，要有一颗将者之心。

"智、信、仁、勇、严"是销售一号位的画像。足智多谋，赏罚分明有信，爱护士卒部属，勇敢果断，军纪严明，约2500年前的《孙子兵法》已经为我们刻画出了优秀销售一号位的"样貌"。一个优秀的销售一号位就犹如一支军队的将领，应当具有一定的战略思维，能做到"知彼知己，百战不殆"，并根据不同的业务阶段，采用合适且有效的方式，最终赢得战争的胜利。能把战略思维映射到销售实战中，最终助力业务发展，是许多优秀销售一号位的显性共性。

"谋后而定，行且坚毅"为曾国藩所写，这是一个销售一号位具备的典型特质。大多数优秀销售一号位的大脑都犹如一个精密的CPU（中央处理器），存在着结构、体系化的算法模型，庞大有效的外部信息输入大脑后，经过加工处理，抽象成一套能够看到事物本质且逻辑清晰的方法论，这些方法论引导他们在竞争环境下做出正确的"谋略"，并且在落地时"坚毅"。

今天很多人即便站在销售负责人的位置上，也不一定具备销售一号位的能力，这并非关于"术"的能力的缺失，恰恰是过于用销售的思维看待问题，不能站在公司经营、战场情况甚至历史阶段的角度去思考、谋划。这就犹如有人是站在5楼看世界，有人是站在山顶看世界，这必然就会有人只能看到局部，而有人能够看到全局。销售一号位最重要的一个能力是抛弃局限的平面、单一思维，用多维度的视角去看待业务的发展；摒弃只关注销售团队单兵作战的能力，懂得通过跨团队的协同获取粮草资源，进行排兵布阵。

总结来看，销售一号位拥有以下五个核心能力，这五个核心能力也分别对应本书五个相应章节。

1. 纵观全局：能够理解业务全景图甚至能够制定公司的战略。

2. 谋后而定：能够基于公司的战略，谋划或制定帮助业务获胜的犀利的销售策略。

3. 上下左右：能够摆脱单一部门的思维，拥有借力各团队的能力，做到齐心同欲，保证"行军打仗"需要的粮草与助力。

4. 排兵布阵：能够根据目标构建合适的销售组织，建设人才梯队。

5. 淬炼心志：能够在拿到结果时不骄不躁；在面对不利局面时，锻炼心志，自我革新，重新出发。

一个优秀的销售一号位，以上五个核心能力缺一不可。《销售一号位》这本书将从销售一号位的使命、核心能力、成长路径，以及常见误区出发，系统性地为读者们阐述如何成为一个优秀的销售一号位。

1

销售一号位的使命

销售一号位的使命是"服务客户需求，助力业务发展"。

——老 K

销售一号位的定义及位置

限定在企业这个场景中，"一号位"指的是公司、业务、部门等组织的一把手。

在中国，"一号位"的叫法最早从阿里巴巴流传开来，借鉴自篮球运动中的一号位，即控球后卫（point guard），其重要性不言而喻，当时它更多指的是业务一把手。而在销售领域，销售一把手经常会被称为销售总经理、销售副总裁或销售高级副总裁。

因为所处的行业不同、企业规模不同，不同企业对销售负责人的设置和称谓略有差异，但总体上销售负责人需要为营收增长负责。在以"企业级客户"为目标客户的公司，这样的角色通常被称为销售负责人，有时也被称为市场负责人；在以"个人客户"为目标客户的公司，这样的角色通常被称为营销负责人。

销售负责人是职位，代表有权力；销售一号位是职能，代表有能力。我们认为，很多人已经成了销售负责人，但并不是合格的销售一号位。如果他能够纵观全局谋定策略，并能够统筹上下左右，进行排兵布阵，最后获得预期结果，还能够在整个过程中淬炼心志，他才能逐渐成为一个合格的销售一号位。

本书的侧重点是目标客户为"企业级客户"公司的销售一

号位。

在公司整体组织架构中，销售一号位的上级通常是业务一号位或企业负责人（CEO），平级则是非销售的其他部门负责人，下级均为销售团队。当然，不同公司因业务特色、发展阶段和组织能力的特点等方面各有不同，其销售一号位所处的组织架构也存在差异，但整体可抽象为以下两种类型。

第一种是把销售、运营、产品等职能在业务内形成闭环，市场、财务、人事、法务等职能以业务伙伴（business partner，BP）的形式进行支持（见图1-1）。美团、阿里、京东等偏重交易平台类业务的组织通常属于此类。

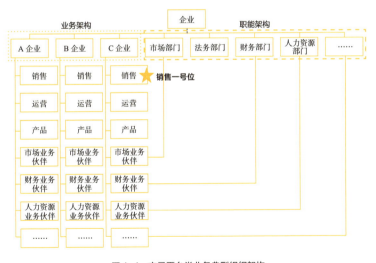

图1-1　交易平台类业务典型组织架构

第二种是使产品、运营、研发等职能在业务内形成闭环，销售、市场、财务、人事、法务等职能以业务伙伴的形式进行支持。销售团队成了一个"商业化平台"，支持多个不同的业务部门（见图 1-2）。字节跳动、快手、百度等偏向信息平台类业务的公司多采取该类组织架构。

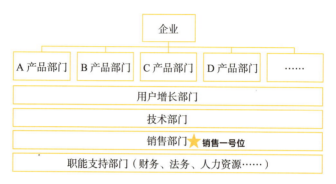

图 1-2　信息平台类业务典型组织架构

明确使命：服务客户需求，助力业务发展

使命是一切销售行为的基础，将影响组织及个人后续行为的统一。我们发现很多销售管理者虽然工作了很多年，对销售团队的使命却没有概念，或者概念模糊，但事实上"明确使命"这一点非常重要。

在与一些销售管理者沟通时，我们经常会聊到一个问题："你觉得销售一号位的使命是什么？"大家往往各执一词，有人认为是拿下难以搞定的大客户，有人认为是让团队取得业绩……犹如医生的使命是"尊重生命、救死扶伤"一样，我们认为销售的使命也理应是一个常识，大家需要形成稳定和共识性的认知。

现实却是"常识问题不常识"。由于在销售领域里很少有人能讲清楚销售团队的使命，也很少有人为销售一号位制定清晰的标准、明确工作理念，于是许多销售管理者在"使命"这一环节产生了认知缺失，而认知缺失容易导致行为走样。

"服务客户需求，助力业务发展"是销售一号位的核心使命，一句话，很简单，但包含了两个核心要点：（1）销售一号位的所有工作价值都是通过外部客户反馈得以实现的，因此真正了解客户需求、帮助客户解决问题、创造客户价值是所有工作的前提；（2）销售一号位的工作价值是服务于业务发展，而非孤立存在。

我曾在一家大型企业担任酒店预订业务的销售负责人。在我上任初期，公司主推的产品是酒店团购，在销售过程中，我发现该团购的产品形态存在一个非常大的问题——由于无法锁定房态和价格，酒店无法保障履约，所以不能满足用户和酒店双方的需求。想象一个场景，用户线上购买团购券后，拖着大包小包来到酒店前台，正要办理入住的时候，酒店却回答"不好意思，因为满房了，这个券今天用不了"。用户这时候旅途劳累，愤怒的心情可以想象，而酒店也丧失了一次本可以抓住的商机。

这时销售负责人有两种选择：一种是忽略这一问题，继续把团购产品作为核心产品，推荐给用户和商户，完成销售的基础本职工作；另一种是把客户需求或问题反馈给公司，而后协同产品团队一起为用户、商户提供更合适的产品。我认为服务客户需求是公司业务发展的关键，因此我选择了后者，解决商户和用户之间的履约保障问题。后来事实证明，产品形态的改善极大地提升了用户体验，促进了业务的长期增长。

如果仅仅作为一个销售负责人，你大可以睁一只眼闭一只眼继续推进销售工作，因为产品看似并不属于销售的业务范畴。但如果以一个销售一号位来要求自己，你大概率不会这么做。

三种权力：决定权、建议权、知悉权

为了让销售一号位更好地拿到结果，在工作中顺畅地履行使命与职责，组织通常会授予销售一号位三种权力。

首先是决定权，这是组织赋予销售一号位的对整个销售团队"排兵布阵"的权力。通俗地讲，与销售相关的所有事项都是由销售一号位负责的，包括销售方向的确定，销售组织的搭建，销售团队的考核，销售人员的培训等。销售一号位如果没有这些决定权，在工作中就会面对许多掣肘，导致工作无法正常开展。

决定权也意味着"边界"。如果没有明确销售一号位的决定权，在与上级和平行部门打交道时，他们无法知道销售一号位的边界是什么，就有可能出现"上级认为这件事销售一号位应该承担相应的责任，但是他却没有"的问题，也有可能出现销售一号位对平行部门提出某些需求，但对方不知道是否应该满足的情况。明确决定权的边界有助于销售一号位工作的有序进行，保障工作效率。

现实中确实有上级与销售一号位对权责没有划分明确的情况。销售一号位通常会面临相关业务指标，基于指标需要对销售组织进行规划，比如根据客户分层搭建不同的销售团队，设定相应的招聘培训和考核框架，这就需要与人力资源等部门沟通，但若是没有得到上级授权，往往会造成一些困境，比如人力资源部门未响应，最终会造成业绩不达标。

权责对等。决定权明确的是"权"，但这也相当于清晰地规定了销售一号位需要背负的责任，同时，决定权也是可以变动的。如果销售一号位出现权责使用不当，公司或者上级有权对这种决定权进行修正。当公司或者业务一号位把销售管理的决定权授予销售一号位，但经过一段时间观察，发现销售一号位并未使用好这项权力，销售管理混乱，也未达到业务目标时，就可能出现以下场景：上级可能会指出问题，并由销售一号位自报方案改进，或者上级给予指导意见对问题进行修正；经过此番如果问题仍然存在，那么销售一号位就有可能被收回这种决定权，甚至最后被撤职。

其次是建议权，建议权是组织赋予销售一号位参与公司战略谋划、战略方向制定的权力。销售一号位作为业务核心管理团队（business team，以下简称"B-team"）成员时，需要和其他B-team成员就业务方向等事宜进行探讨，共同协助业务一号位制定业务战略。比如销售一号位需要和产品一号位对产品功能的定义进行讨论，同样需要和财务部门、商业分析部门相应的一号位做有关收入、利润等指标的讨论。在这些事项上，销售一号位均有建议权。

也就是说，对于公司的某些影响销售业绩的事项，销售一号位只有建议权。销售一号位只是其中的一个重要部分，整体事项并不是由他决定，而是由其他部门的一号位或者 CEO 决定。比如当年业务的发展方向，业务的战略目标，产品迭代和优化的方向，市场活动的方向和力度等，这些事项或多或少会影响销售业务的开展，但这些事项往往具有专业性，销售一号位过去并没有在相关专业上有比较系统的思考、培训与实战，缺乏相关专业的精准性。因此，这些事项最终应该由相关的专业团队做出专业判断。

最后是知悉权，这是组织赋予销售一号位了解合作团队策略方向的权力，一些与销售业务相关性不大的业务，销售一号位仅需知悉。销售一号位也并不是所有领域都要管，有些事情只需掌握方向，不太适合了解过程或细节，比如公司的融资进展、法务情况、财务状况、薪酬制度等。

有了这三项权力，销售一号位才能在公司有施展拳脚的空间。

五大核心能力：谋后而定，行则坚毅

当CEO或者业务一号位缺位时，销售一号位能否顺利"补位"是我们衡量一个销售一号位是否优秀的重要标准。前言中我们提到了销售一号位的五个核心能力，这五个核心能力对一个销售一号位来说缺一不可。当然，这里也等于给销售一号位提出了较高的标准，而这个标准其实几乎接近于对一个初级"CEO"的标准。

纵观全局：能够理解业务全景图甚至能够制定公司的战略

能否理解公司的战略是销售一号位"能不能制定出犀利销售战略"的前提。

兵法中谈到"知彼知己，百战不殆"。"知彼知己"指的就是一个管理者在脑海中对业务的全景图有深刻的认知。这就要求销售一号位具有更大的视角，这个视角是脱离于单一部门且能够统观全局的，如能够对市场供需关系有洞察，能站在全行业、全国、全球的角度，明白目前公司和产品所处的地位、优劣势以及公司产品对市场需求的满足程度等。

举个例子，在酒旅行业，A公司已经是高星酒店市场的第一名，此时B公司因为没有对全国、全球酒旅市场进行清晰的分析，同时对自身优势也没有清醒的认识，贸然杀入高星酒店市场领域，导致其在后来几年的"战争"打得非常艰难，最终也没有获得想要的市场地位。同样在手机行业，2014 年，C 公司已经在国内性价比手机市场占了较大比重的份额，D 公司贸然判断国内手机市场拥有足够大的规模，足够容纳 C、D 两家性价比公司，却忽视了公司的整体现金流现状，最后消耗了大量的资金和人力，不仅没有帮助整个集团成长，甚至加速了集团溃败。

我们知道，一个销售一号位对于公司的战略拥有建议的权力，这就意味着他拥有与 CEO 就战略进行讨论和建议的机会，但是如果他不具备战略洞察能力，很明显这样的机会将与他擦肩而过，他在职场的道路也可能止步于此（销售负责人）。分析公司的战略有很多方法，本书将借助一些科学的战略分析方法来帮助大家认识供需关系、竞争关系以及自身产品和服务在市场中所处的地位。

谋后而定：能够基于公司的战略，谋划或制定帮助业务获胜的犀利的销售策略

"谋后而定，行则坚毅。"过去我常常碰到一些同事，在一个业务的开始，上来就探讨这件事我们应该怎么做，但我需要更长一段时间与他们达成共识，在做不做之前，实际上"谋"得清楚更为重要，不然方向不对、策略不对，即便团队再努力，也容易成为徒劳。

当对公司的战略有了深刻的理解，明白公司产品在市场中的地位、优劣势后，是否能够根据现状制定出"犀利"的策略，是

一个销售一号位最需要强调的核心能力，也是区分销售一号位和销售负责人最核心的因素。

这里也许有人会说，销售策略每一个销售一号位都会制定，这不应当是一个销售负责人最基础的能力吗？但是，制定的策略是不是足够犀利才是判断一个销售一号位段位高低的标准，如果只是将此前工作的经验照搬到当前业务中，我们认为这不能说明会制定策略。

这里的犀利的策略有三个进阶的层次：

- 是不是适合公司当前的业务；
- 是不是能用更少的人、更少的资金，效果、效率兼得地取得"战争"的胜利；
- 是不是能在竞争、人力、资金都处于劣势的情况下，有"四两拨千斤"的效用。

上下左右：能够摆脱单一部门的思维，拥有借力各团队的能力，做到齐心同欲，保证"行军打仗"需要的粮草与助力

区别一个销售一号位和一个普通的销售负责人，还有一个最重要的指标是他能否摆脱单一部门的思维，进行跨团队合作，以及是否能驾驭业务的中长期发展，让全公司上下左右齐心同欲，这决定了他是不是一个销售梯队中的高端"玩家"。

这个高端"玩家"的重要标志是能够借助其他部门在某一领域的专业性让销售"如虎添翼"。本部分开篇我们提到，销售团队的核心使命是"服务客户需求，助力业务发展"。如果一个公司的产品、服务没有解决任何人的痒点或者痛点，那么它就没有社会价值，也没有商业意义。一个公司在有相对明确社会价值的前提下，需要组建销售团队，增加客户数量，提高市场占有率，而销售部门并不是万能的，借助其他部门的力量可以提高自身的工作效果与效率。比如借助市场团队，对产品或者服务进行定位，进行品牌宣传；借助 HR 完成人才梯队的构建；借助产品、财务、法务等各个部门进行产品研发与维护、风险控制；等等。

销售一号位考量的是全局的资源整合能力，它是一个多模块的能力模型，这就是本书为什么要强调销售一号位应当具备跨团队合作的能力。仅仅具有销售技巧或者管理销售部门的能力是不够的，这种单一的能力模型只适合一个优秀的销售负责人，而不适合一个销售一号位。

排兵布阵：能够根据目标构建合适的销售组织，建设人才梯队

懂得战略、制定策略之后，接下来考量的是销售一号位能否"行则坚毅"，比如懂得如何排兵布阵，构建所需要的组织架构与人才梯队，而这也是取得胜利的关键。

销售一号位可以从人、事、器三个层面进行"排兵布阵"，

形成高效的战斗力。顾名思义，"人"是要用什么样的人，什么样的组织，也就是组织结构和人才梯队；"器"指的是工具，也就是用什么样的工具，比如管理工具、系统工具和数据工具等，使销售工作能够脱离人海战术达到事半功倍的效果；最后是"事"，即用什么制度确保整个团队能够拥有正确做事的方法，保证落实到位。

淬炼心志：能在拿到结果时不骄不躁；在面对不利局面时，锻炼心志，自我革新，重新出发

如果说上面的四个模块是层层递进的关系，那么淬炼心志就是分布在这之下的底层能力。一个普通的销售升任至销售一号位通常需要 8~10 年，其中面临的难题是多种多样的：有个人贡献者到管理他人的难以跨越性，有跨部门沟通时的矛盾，有前台到中台的工作理念冲突，有从管理者到销售一号位时因"谋略"不足导致的不能胜任，有在职场生涯面临的较难的与上级的沟通，更有在"行军打仗"过程中因为敌军进攻过猛或者自我存在短板导致的溃败……如果没有一颗强大的心脏，没有坚持的韧性，没有经历自我革新的痛楚，均难以成长为一个优秀的销售一号位。

因此，淬炼心志是一个销售一号位的底层能力。当然这对每一个职场人，或者每一个人的人生也同样适用，在本书中我们也会介绍一些方法来帮大家实现跨越式成长，实现进阶。

"菩萨畏因，众生畏果。"我们认为，如果一个销售负责人能

够在五个核心能力上没有太多短板，那么取得"战争"的胜利，成为销售一号位就是一件水到渠成的事情。

四个关系：对上、对下、左右关系和自我

销售一号位并不是单打独斗，而是作为业务团队的一员实现目标。在日常工作中，销售一号位要处理好"对上"、"对下"、"左右"和"自我"四个方面的关系。只有正确处理了这四个方面的关系，才能心无旁骛地"服务客户需求，助力业务发展"。

对上关系：指的是与上级的关系，重点是在目标上对齐，在能力上补位，完成好基于业务战略的销售策略拆解。想要把事情做对、做好，跟上级对齐目标很重要。这不仅关乎企业的长期发展，也关乎个人发展和绩效考核。这个过程中，销售一号位需要摆正心态，上级也是普通人，是人就有长处和短板，不能期望上级是万能的，不能有上级什么都能够搞定的"谬望"①。对上关系的奥妙之处就在于要摆正心态，在充分认识上级的长处，并了解上级的短板的基础上，积极和上级补位、相互成就，最终达成"完成组织目标和实现个人发展"的平衡。

对下关系：指的是对下需要做好四件事——组织匹配、目标

---

① "谬望"一词源自美团创始人王兴，指不切实际的目标。——编者注

管理、薪酬管理、标杆管理。组织匹配是指要基于业务特点和客户分层搭建合适的组织架构、组织层级、销售画像；目标管理是指要根据客户需求、业务发展阶段和竞争情况来制定合适的业务目标，其中包括销售过程目标和销售结果目标；薪酬管理是指要通过薪资的总包测算、固浮比的调整、绩效制和提成制的调整来明确销售的方向及节奏；标杆管理是指要不断将优秀的销售行为抽象出来，并且通过培训、考核，将组织今天的最高水平变成明天的平均水平。

左右关系：指的是能理解协同部门的工作特点，在尊重、互信的基础上，逐渐达成彼此积极协同的工作状态。过去我们常常会遇到这样的情形：销售碰了壁，会抱怨产品做得不好，运营支持不到位。其实他不知道，为了能保障他做好销售工作，产品和运营团队在背后付出了什么；他也不知道最后结果不好，到底是方向、能力问题还是态度问题。因此，要与平级协同部门相互信任，把销售侧遇到的问题和新的客户需求整理出来，跟产品、市场、商业分析、运营、服务、财务、人力资源等各个部门有效地沟通，通过配合形成合力。合作是手段，共赢是目的。

自我关系：指的是销售一号位面临巨大的压力，需要用正确的方式持续修炼自我，即从心力、脑力、体力三方面处理与自我的关系。"心力"指如何让自己的内心安定、放松，坚持该坚持的事情，包容原来不能包容的事情，正所谓"愉悦指明方向，痛苦给我力量"；如果把自己的大脑和思想比作一台计算机，那么

"脑力"就是如何让自己的数据、算法和算力变得更先进;"体力"指让自己能有一个较好的睡眠、运动、饮食习惯,让自己的生理机能指标维持在一个较高的水准。这三者相互制约、相互促进。(见图1-3)

关于怎么处理这四个关系,具体措施有哪些,又需要什么样的方法和工具,后文将有专门的章节来进行深入介绍。

图1-3 销售一号位与组织关系示意

2

销售一号位的核心能力

让今天的最高水平变成明天的平均水平。

——老 K

"宏观"和"微观"通常在哲学、经济、科学领域使用，也是在学习工作中强调较多的视角。不过在宏观和微观之间，一种叫"中观"的能力往往容易被忽略。"中观"是什么？中观是对宏观的拆解，也是对微观的抽象。实际上，中观往往是销售一号位最需要强调的核心能力。

在日常工作中常常出现这样的情况，有人描述政策、经济、社会、科技变化等宏观后，紧接着开始讲着手的具体事项，而这个过程就可能在中观维度存在不足。

中观可以理解为帮助我们发现业务"大机会"的智慧源泉、日常具体工作前的指引。它能帮助我们有的放矢，达到事半功倍的效果，从而避免"努力却无成效"的局面。中观是业务一号位的责任，但同时也是销售一号位所需强调的能力。

销售一号位的宏观基于公司的业务战略，需要"懂得和理解"，甚至要会制定战略，只有这样销售一号位才能与上级平等对话，参与建议。而"分析和拆解"基于公司的宏观业务战略形成的销售工作策略，用来指导日常微观的战术，是一个销售一号位所必须具备的责任。

在销售一号位的工作中，比较通用的业务流程为知晓或者理解公司战略，根据公司战略拆解出自己的销售策略，并据此制定销售目标，然后通过一定的举措坚决地执行，最后拿到结果。

　　这里战略是第一步，它决定了"往哪儿打"，策略则说的是"怎么打"，目标是"打到什么水平"，而执行就是"打得好不好"。所以，销售一号位的关键和最强的核心能力在制定策略的阶段表现得最充分，它是公司战略与目标之间重要的承接者。

第一章　纵观全局

　　所谓纵观全局，就是知彼知己，脑中有业务全景图，懂公司的战略。

　　什么是业务战略？这是指业务在产业领域中的生存、竞争与发展之道。通俗来讲，就是在业务层面怎么找到那个"大机会"，判断做什么、不做什么，先做什么、后做什么。

　　在一些体量较大的公司，战略分为不同层级：集团有集团整体的大战略，当然集团也是由各业务组成的，集团旗下的每一个业务也会在集团大战略下有自己的业务战略。销售一号位通常服务于某一业务，我们这里就以单一业务为单位来阐述其战略、策略与目标的制定过程。

　　业务"做什么、不做什么"其实是战略取舍，"先做什么、后做什么"则是战略节奏。比如，此业务是先进攻下沉市场，还是先占领一线城市，是先进入低价市场还是高价市场，是先选择校园还是白领市场，这些方向性问题都是业务战略的核心问题。

所有业务战略的制定都离不开三个核心因素：供需关系、竞争关系和内部情况。在本章，我们会借助一些战略分析方法论来分析这三个因素。

供需关系：需求真假与大小是商业的前置条件

供需关系是一切战略的基础。只有洞察了供需关系，再考虑竞争关系、资源投入与能力建设才有意义。供需关系是指明确客户是否有痛点或者需求，什么样的产品或服务可以更好地满足客户，也就是我们说的"发现大机会"。当然，大机会不常有，但必然有。

此前通过抽象古往今来人类的需求与科学技术趋势，我总结了一个"科技-需求"模型（见图2-1），希望它能为大家发现机会提供一个视角。

横坐标：无论科技如何进化演变，人类需求无非衣食住行、医教娱金①。后四个是弱需求，前四个是强需求。

纵坐标：未来科技的趋势，即新能源、生物科技、VR/AR（虚拟现实/增强现实）技术、机器人和AI（人工智能）。

我们需要更加关注"天时"——科学技术的发展趋势，因此

---

① 此处"金"指金融。

未来的"大机会"很有可能就诞生在由需求和未来趋势组合的
40 个格子里。

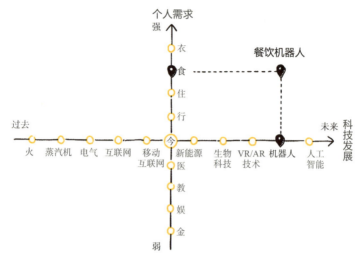

图 2-1 老 K "科技 - 需求"模型

我们可以看到，过往一些顶级的互联网公司之所以成为世界级企业，正是踏中了坐标系左上象限"互联网"（包括移动互联网）与"食""行""娱"等构成的"天时"区间，比如美团、滴滴、抖音等。我目前所创立的橡鹭科技也正是基于此逻辑选中了"机器人 + 食"的战略方向。

在供需关系上，选择比努力更重要，方向不对，越努力只会越吃力，我们不能在没有价值的事情上努力。此外，还要判断需求的现状及原因，这需要销售一号位进行洞察与分析，比如目前市场供大于求，还是供小于求；需求没有满足的原因是什么，是供给侧的质量问题，还是营销侧的广度、速度和成本问题。

举个例子，2013年我还没有进入酒店预订行业，彼时某公司已经是中国酒店线上预订平台的领导者。某一次我回到老家（一个县级城市），发现竟然没有合适的酒店可以线上预订。我捕捉到，以三、四线城市为代表的低星酒店是线上酒店业务一个新的增长大机会。基于这一点，我们在后续进入该行业时，制定了相关业务的战略方向。

我们之所以能确立这个合理的战略方向，其实基于两个重要因素：（1）回到老家，发现没有酒店可以线上预订；（2）县城的一些单体酒店商户想通过线上预订获取更多的入住用户，但是二者之间缺乏合适的桥梁，缺乏线上连接。这个分析过程恰恰是发现供需关系的过程。

回答需求的真假和大小，是商业模型能否成立和发展的前置条件。

首先是需求的真与假。比如公司打算进入无人货架领域，那么它到底是真需求还是假需求，这肯定是团队最先要回答的问题。

其次是需求的大与小。比如中国线上酒店和外卖两个业务，两者都是真需求，但是大小不同，中国人在"吃"上的频率约为30亿顿/天（比较正式的餐食，每人每天按两顿计算），而酒店行业全国顶峰数据为1000万间/天，显然在线上，"吃"是比"住"更大的需求。

又比如同样是民宿，美国和中国的民宿的机会也不会是同一个数量级，这需要考量土地政策，考量民宿与酒店之间的替代性关系，考虑到中国私人物业的管理水平与阶段。

需求不以从业者的意志为转移，因此需求的真假和大小一定是摆在公司高层面前最重要的问题，需求一旦选错了，再努力也是徒劳，而这种分析也需要销售一号位能够理解和思考。

PEST 分析

有了好需求并不意味着就能有一个好的商业模型，还需要进一步判断是否具备"天时、地利、人和"的"良机"。有时候供需关系是一个"商机"，但是社会的制度和经济并不能为这个"商机"提供良好的大环境，贸然杀入，很有可能会"铩羽而归"，此时我们可以借助 PEST 分析法来判断瞄准的需求是不是一个好"商机"，从而避免"开局就错"的情况。

也就是说，一个企业的经营者得知道所经营业务的方向、速度与政策、经济、社会、科技的变化是否一致，如果不一致，他的努力往往得不到相应的成果或者事倍功半。

PEST 对应的是政治（political）、经济（economic）、社会（social）和技术（technological）四大因素。每当 PEST 的一项或几项发生变化的时候，都会带来重大的商业机会。

一个优秀的棋手，会懂得和接受自己是整个棋盘的棋子，这个棋盘其实就是 PEST，棋手就是我们的企业，所以 PEST 的重要性不言而喻。

PEST影响整个企业的顶层路线选择,同样,一个销售一号位需要有意识地去关注PEST的一些变化,有这样的敏感度。如果企业不能非常主动、及时地看到这四个层面的变化,它就容易错失一个时代。比如,20世纪90年代末的传统手机企业没看到智能手机的趋势,就错失了先机;同样,如果数码相机企业看不到用户期望将拍摄功能集成在手机当中的这一趋势,并对当下的业务做出调整,那么其业务规模也会面临急剧的收缩。

PEST分析法使用起来非常简单,我们可以通过它来找到"大机会"。例如:社会方面,人口老龄化、单身的人变多、养宠物的家庭变多等带来的业务机会;经济方面,经济增速与公司的整体收入、融资、资本市场的节奏的关联;科技方面,新能源、AI、生物医药、机器人等带来的社会变革,比如当下ChatGPT的火爆,我们可以考虑新的技术与所处的行业、公司的结合与调整。

以新能源行业为例。在政治上,政府对新能源汽车发布了较多产业扶持与财税补贴政策,这显然是新能源汽车发展的有利因素;在经济上,各地区各部门积极推动经济结构战略性调整,新能源也符合经济结构的战略性调整;在技术上,"三电"系统代替了传统燃油汽车的内燃机、变速箱等装置,在技术侧为新能源汽车的快速发展奠定了基础。那么,如果我们更早看到了新能源的机会，自己是否可以躬身入局，或者如果自身组织能力不够，是否能够通过投资入局？

其中，我们需要特别强调技术对于一个"商机"的影响，以及每一次技术变革带来的巨大商机和人们生活方式的改变。我们可以把世界发展的力量分为能源、信息和物质三个层面：

能源层，从煤炭、石油、天然气、电能到核能，从碳能源到硅能源，每一次革命都带来了巨大的商业机会；

信息层，从人类发明文字到纸张、印刷术、互联网、移动互联网到 AI，也催生了很多大的商业机会；

物质层，比如人们出行的工具，火车、汽车、飞机，再到各种运输工具，都导致了不同商业体的诞生。

以上三股力量相互促进或者交相辉映影响了世界的发展。因此，在技术周期越来越短的今天，洞察当下有哪些技术变革对销售一号位来说尤为关键。特斯拉发展至今已经有 20 年之久，如果我们今天才关注这个机遇，实际上已经较难上"牌桌"，那么我们是否可以更为积极地关注包括 AI、机器人对自身行业带来的影响呢？

在制定战略的过程中，销售一号位和业务一号位（或者 CEO）深入、清晰地探讨业务的 PEST 现状不仅能为企业"保驾护航"，也能帮助企业"乘风破浪"。比如政策的监管对于该行业是宽松还是趋紧，经济是上行期、滞涨期还是下行期，技术的变革对业务的影响到了何种程度……基于以上变动因素调整策略，从而决定当下业务是否需要进行调整，保证业务"活下去"，然后"活得好"。

竞争关系：BML 模型——找到关键竞争要素

知彼知己，百战不殆。了解竞争关系是制定策略的前提之一。

竞争关系是指业务与市场、同行的关系。首先，要知道谁是先行者、同行者和威胁者；其次，面对同行同样的业务、产品，知道自己的公司处在什么阶段，自己在产品和资源等方面的优势、劣势分别是什么。了解竞争关系是决定策略的关键，决定是采用"防御战""进攻战""侧翼战""游击战"，还是其他战斗形式。

竞争分为弱竞争、强竞争、无竞争三种状态。

业务处于弱竞争状态时，发展比较顺畅，但此时组织的能力不足以应对较为激烈的竞争，因此公司应该趁玩家尚未大量进场，提升组织能力，把市场扩得更大。然而，现金流非常好、一直在盈利等弱竞争的特点，容易迷惑管理者，让他们忽略强化建立组织能力，最后导致其在竞争面前不堪一击。

如果业务面临的是强竞争状态，在某个区域已有非常领先的同行，那么业务避开正面竞争就相当重要，可以从对方薄弱或者未曾关注的区域入手。

如果在当下业务已是行业先入者，在市场上处于无竞争状态，没有太多经验可借鉴，管理者可能就要理解和接受此业务需要较长的用户培养周期，花时间在探索期找到种子用户，通过放大种子用户找到核心用户群，直到构建起较强的竞争壁垒。又比如在进攻、发展期，对手资金链出现问题时，就是自己快速进攻的好时期；反过来，如果业务受一些因素影响而受到对手进攻，自己就该思考如何守护壁垒，减少损失。

前文提到，我刚负责某公司酒店业务时，X 公司已位居行业第一且上市十余年，在高星酒店市场上拥有清晰的用户心智认知。如果此时选择"正面刚"，我们显然没有优势。因此后期我们选择了避其锋芒，从低星酒店业务做起。

再以全球的酒店公司为例，2014 年左右，缤客（Booking）在全球酒店行业已是巨头，处于领先地位。如果爱彼迎（Airbnb）和缤客正面对抗，战役必然非常艰难，于是爱彼迎选择了差异化的打法，定位于民宿，同时在产品差异化竞争的基础上又进行了市场策略调整，缤客擅长通过买流量来进行用户转化，爱彼迎就选择了重视品牌。通过这种差异化的竞争策略，两者最终都获得了较高的市场地位。

正所谓："上兵伐谋，其次伐交，其次伐兵，其下攻城。"

波特五力分析模型

把 PEST 研究透彻后，就可以用波特五力模型（见图 2-2）来分析竞争关系。该模型是分析纯竞争关系的开始，它从需求侧、供给侧、竞争者、替代者和同业经营者五个角度来分析当下企业面临的竞争格局，能够有效地分析当下的竞争环境。

图 2-2　波特五力模型

五力分别是：供应商的议价能力、购买者的议价能力、新进入者的威胁、替代品的威胁、同业竞争者的竞争程度。五种力量的不同组合变化，最终影响行业利润潜力变化。

供应商的议价能力。它取决于企业面对的供应商的集中度、供应商产品有无替代品、买方转换成本等。比如，企业家的伟大商业梦想的实际落地，依赖整个行业的供应。以电动汽车为例，在 100 多年前，电动汽车就已经出现，甚至比燃油车还要早，后来为什么一直没有大规模发展？就是因为电池的供应存在问题，只有在电池技术获得突破后，电动汽车才可能实现快速发展。

购买者的议价能力。主要由以下几种因素决定：市场供求情况、对某项产品的购买成本占总成本的比例、购买者的转换成本、用户的价格敏感度等。比如，不同经济周期用户对价格的敏感程度肯定不同，价格较高的产品在经济下行期显然没有经济上行期时销售好。

新进入者的威胁。这取决于进入壁垒的高低，包括规模经济性、资本投入大小、现有企业买方忠诚度、技术含量要求、独占原材料和地理位置、政府政策等。比如，在规模较大的市场，遭遇行业巨头狙击的概率会显著增加，或者一些创业公司率先入局之后，若有巨头跟进，就容易出现资金、人才资源都不如对方的情况，此时创业公司应该思考如何保持自身的先发优势，这同样是关乎企业"生死"之事。

替代品的威胁。这取决于替代品是否以更低的价格、更好的性能、更好的方式满足客户的需求，同时做到客户转换成本较低。以我公司的产品智能炒菜机器人"美膳狮"为例，一位媒体工作者曾经问我对于竞争者的看法，我回复道，在行业的探索期，对竞争者我们特别欢迎，此阶段的竞争可以帮助品类快速增长，让行业共同繁荣。因为我们十分清楚，这个行业最大的威胁往往并非来自竞争，而是来自替代。这就犹如大家常常说的一句话，"干掉统一的不是康师傅，而是美团和饿了么"。

同业竞争者的竞争程度。这包括竞争者数量、市场供求、行业增长速度、产品同质化程度、退出成本等。很显然，如果你是行业的先行者，你就有机会比别人更早地建立自己的竞争壁垒；

同样地，如果你本身资源有限，那么犀利的策略就相当重要。

波特五力模型主要用于分析企业外部因素和外部竞争力量。通过该模型的分析，如果业务正处于替代效应不明显、竞争不充分、潜在进入者还未准备好或未被发现的阶段，这时候的销售策略就是尽快地进入市场，加快销售速度，避免受到后来者的方案替代。比如上文提到的酒旅行业，在 A 公司已经占领了高星酒店市场，并且有明确的市场领先地位的前提下，B 公司还是选择了同样的高星市场战略与 A 公司正面较量，最后惨败；而 C 公司采取了主攻低价机票的策略，反而获得了较好的发展。

BML 模型

BML 指在分析竞争对手关系时，我们需要在众多竞争要素里面分清楚主次矛盾，明确哪些要素必须"beat"（超越竞争对手），哪些要素"match"（与竞争对手同一水平，也称为"meet"）就行，哪些要素可以"lose"（输给竞争对手）。BML 是分析竞争关系和制定策略过程的承接和结合，也是"谋"和"定"有效的分析方法。

该模型的实施类似于田忌赛马。简单地说，在打仗的时候，两国君主要盘点对方统帅及其各方面的能力，然后再结合己方实际情况，决定出场的将领和出场顺序。企业也是一样，一家企业的资本总量，产品好坏，消耗产品能力的强弱，服务能力的强弱，成本控制的强弱，最后都决定了这个仗能不能打赢。

比如某社区电商业务的品类与商品选择在 BML 这三者之间的取舍。每个公司员工肯定都希望自己所在业务的所有品类至少跟对手是处于同一水平的，最好能够超越对手。但客观来看，一个组织不太可能做到全品类超越对手，因此我们要做到至少在心智品类上能够打败对手，在另外一些品类上做到持平。这里面有一个关键问题就是"什么在竞争要素中处于第一位"，这也就是你必须超越对手的核心因素。

以从事酒店住宿业务的两家公司为例，当时 A 公司的市场份额比 B 公司大很多，但后来 B 公司在这场战役中取得了阶段性的胜利。这个胜利的背后最核心的是 B 公司在几个竞争要素上具备了一定的超越优势，比如酒店供给量，B 公司能够为消费者提供超过 20 万家酒店，当时同行大多数公司可能只有 10 万家。或以外卖业务为例，C 公司在外卖商家供给数量和即时配送网络上打败了竞争对手，因而成了行业第一。

BML 是一个战略要素，也是一个策略要素。PEST、波特五力模型以及 BML 三者在实际例子中的运用有一个过程。新创立的企业在选择赛道的时候，首先要看科技-需求模型，需要用 PEST 分析当前环境。当已经清楚自己目前在整个经济社会中所处的位置时，下一阶段就需要关注竞争对手，包括潜在进入者、替代者和供给关系，也就是波特五力。比如柯达曾经的市场占有率高达 70%，通过波特五力模型分析，可以看到数码相机与其形成的替代者关系，经营过程中选择替代者关系并确定解决方案变成了企业的主要矛盾，如果是这样，就可以避免企业的衰败；又比如现在的新能源行业，所处的是 BML 的阶段，距离关注替代者或还有时日。

BML 实际是告诉我们需要在核心竞争要素上以足够的耐心、时间和资源投入来建立"护城河"。

请你和你的团队花点时间来回答以下问题：

1. 你的业务中有哪些关键的竞争要素？

2. 什么要素是必须超越竞争对手的？

3. 什么要素与竞争对手相同水平就可以？

4. 什么要素可以输给竞争对手？

内部情况：用 UE 模型找出自身关键问题

除了外部环境，销售一号位还要对公司自身情况做到心中有数。清楚自身情况包括理解业务短期、中长期的目标，明白业务能够获得的人力和资源投入，以及摸清整个组织内左、右的优劣势和横向的关系，比如产品研发、售后、营销能力分别处于行业的什么水平，它们都分别影响公司的销售节奏。

假设一个业务的产品迭代能力很强，但售后相对薄弱，公司可能会面临一些客户投诉。此时销售就需要协同售后部门，在产品不完善时共同处理客户的投诉，并且不能急速地扩大销售规模，这容易造成公司资源撑不住的局面，加速业务的崩盘。

如果产品整体落后，那么在价格上就需要有更强的竞争力，去找到对价格敏感但对产品性能不那么注重的客户群体；反过来，如果产品非常领先，那么销售团队的进攻速度就要加快，因为好的业务往往领先周期有限，需要快速抢占市场。

UE 模型

UE 为 unit economics 的缩写，意为单体经济模型，在商业模型中体现为收入与成本关系的最小运作单元，衡量的是收入和可变成本的关系。比如卖衣服的公司，其最小运作单元可以是一件衣服；如房产中介，其最小运作单元为单次租房或住房的成交。

通过 UE 模型，可以排除很多干扰因素，看清企业的经营情况，找出关键问题点。

比如公司成立之时，需要在团队建设和购买固定资产等事项上投入大量的成本，由于固定成本的存在，加上业务没有形成规模经济，前期亏损的概率较大。但如果仅仅因为前期亏损就停止业务，是很不明智的，随着时间的推移，业务规模增长，企业能够在一定时间内找到一条切实可行的路径，使毛利超过固定成本，如此，承受前期因固定成本带来的亏损将有利可图。

当然，顶级的企业家肯定是在创业的初期就想清楚了 UE 模型，比如成本是否会随着整个规模的变化而变化，但这并不是一件容易的事。

在互联网时代到来之前，一个企业是否盈利与其生死存亡息息相关；进入互联网时代，有了更强的资本驱动，企业适合做一些长线投资，这时就可以先考虑规模后考虑盈利。

UE 模型的出现跟经济周期有关系，在经济高速增长的时候，市场更加追求规模，但如果出现下行，资本不可能给企业无休止的持续的供需，这时候 UE 模型就会变得更为重要。

三层四面分析法

在分析供需关系、竞争关系和内部情况时，分别有相应的战略模型，比如波特五力模型可用于分析竞争关系，UE 模型用于分析内部情况，同样也有适用于分析供需关系、竞争关系和内部情况三者交叉关系的模型，比如在美团广泛运用的非常经典的三层四面分析法。

三层四面分析法能帮助我们对一个行业形成最基础的认知，判断行业的潜力及空间，以做好业务选择。它告诉我们的是，一个业务如果没有足够的体量，那么不管我们付出多少努力，市场规模最终都非常有限。

何为"三层"？

一是行业大盘，即业务的行业规模到底有多大；

二是线上大盘，指的是在这个行业大盘里，线上化率到底有多少；

三是在整个线上化的大盘里面，自己业务的市场和占比有多大。

假如你想进入生鲜零售领域，可以进行如下分析。首先，中国整个生鲜零售大盘是 5 万亿，年化增长率为 8% 左右。其次，截至目前，该业务线上化率极低，总体量可能没有 5%。最后，就要分析在整个线上化的大盘里，所在公司的占比有多少。这三步可以帮助你看清一个业务背后的行业规模，以判断这个业务是否值得投入人力和物力去进行布局。

如果你经营的是一家线上平台业务公司，你和你的团队可以花时间思考一下以下问题，这将影响你们的人力和资源投入。

1. 你所处业务的行业规模有多大？

2. 目前该行业的线上规模有多大？

3. 在整个的线上规模里，你的业务目前占比有多少？

4. 未来需要实现的线上规模有多大？

何为"四面"？四面类似一种战术分析，通过四个要素——客（人）、量、额、利来判断要投入的人力与资源。

客（人）：指使用某项服务的自然人数量，即客户规模，且是真正对服务有需求的人而非下单的人。客是"四面"中最基础的出发点，最有利于形成本源驱动，以及对不同用户群体分层的认知。

量：指服务的人次，比如订单量。

额：指业务的交易额，在 to C（面向用户）业务中指用户付出的钱，即 GTV（总交易额），to B（面向企业）业务中则是

GMV（总销售额）。

利：指收入、毛利或净利，会呈现因行业而异的特征。

三层四面主要是对市场现状和自身潜力的分析，以此弄清楚团队的工作重点，搞清楚自己的位置，从而根据自身资源设定合理目标。

企业战略制定实例分享

下面来看看我们是如何借助以上战略分析工具在酒店预订市场制定自身战略的。

通过对供需关系（在中国，即使相对低收入的人群也有住一个干净酒店的需求）、竞争关系（某公司已经是高星酒店领域的佼佼者）和内部情况（产品研发能力比较强）的分析，我所在的公司把自己酒店预订业务的愿景定为：用10年左右打造出世界领先的一站式酒店服务平台，并将此愿景拆解为三步。

第一步，成为我国单体经济酒店的领先者。其中单体酒店的定位主要是为了避开与市场中成熟企业的正面竞争。

第二步，成为中国高星酒店第一梯队竞争者。借助单体酒店建设了团队的销售能力、工具、组织能力后，蚕食高星酒店市场。

第三步，走向全球，成为酒店行业海外市场的有力竞争者。有了能力储备后，最终愿景是成为全球市场的顶级选手。

基于以上规划，后又制定了四个销售核心指标和节奏。

一是覆盖：也就是让足够多的商户入驻。我进入该公司时，公司业务覆盖了 4 万个酒店商户，但全国有 50 万，因此第一年的目标就设定为必须覆盖 20 万家酒店，于是覆盖足够多的酒店成了重要目标。

二是间夜：随着合作商户都签约上线，接下来就需要确保每家酒店在平台上的价格库存，提升内容真实性和有效性，从而形成有效转化，拿下足够多的间夜数。

三是收入：通过 UE 模型等测算，分析出影响收入的关键，逐步拆解成本等核心要素，最终达到提高业务收入的目标。

四是利润：尽管排在第四位，但这也是企业长期生存的关键，我们的原则就是在能平衡商户利益的基础上获得利润。

以上就是业务战略节奏的主线条框架。为了更好地呈现业务进展和战略目标之间的关系，我们把时间、客户分层、核心指标相结合，拆分为如图 2-3 所示的节奏图。

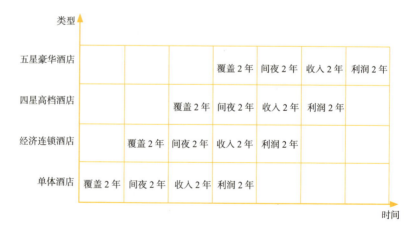

图 2-3　某公司酒店业务战略节奏图

其中，纵坐标是中国酒店大概的四种类型：单体酒店、经济连锁酒店、四星高档酒店和五星豪华酒店。横坐标则为分阶段的业务核心任务指标：覆盖、间夜、收入和利润。

从酒店类型的维度来看，前两年销售的重点在单体酒店的覆盖上，完成单体酒店覆盖的指标后，我们以两年为阶段，逐步向经济连锁酒店、四星高档酒店、五星豪华酒店进发。

从时间维度来看，拿下一个市场后，随着对业务熟悉程度的增加，核心任务的指标也会逐渐增加。比如前两年完成单体酒店的覆盖后，至第三、第四年，销售一号位的核心任务就是单体酒店的间夜指标和经济连锁酒店的覆盖指标。

如此，整个销售的节奏呈阶梯状，作战地图清晰明了，呈现出一种逐渐蚕食整个酒店市场的状态。这个战略极为有效，帮助企业通过差异化的战略实现成功，同时让上、下、左、右达成战略共识拧成一股绳，最终取得业务的胜利。

以上业务整体战略、战略节奏和战略目标，一般情况下主要由 CEO 或业务一号位制定，销售一号位则需要懂得和理解，同时拥有建议和参与的权力。当然，不同销售一号位在组织中的影响力不同，在整体业务战略制定过程中所扮演的角色也有所不同。有的销售一号位能力强，整个战略就是他与 CEO、业务一号位共同制定，但对销售一号位最基础的要求是懂得和理解公司业务的战略、节奏与目标。

第二章　谋后而定

定策略：深入一线是基本手段

战略是决定业务方向的关键，而销售策略是基于战略的分解，保证战略落地、拿到结果的关键，这也是销售部门存在的前提。那应如何制定销售策略？

深入一线是最基本、最有效的手段

销售策略不能坐在屋子里想，也不能不听一线人的业务反馈。如果销售策略是在办公室拍拍脑袋就决定的，然后投入人力、资源让一线的销售去执行，这将让所有销售行为变得混乱，甚至导致业务出现"死亡场景"。以下为某公司优秀销售管理者的口述案例：

"我入职专注于生产力工具的某公司时，当时该公司销售负责人将该生产力工具定位为仅仅适合教育行业，并不适合政企单位，于是对教育行业进行了大举'进攻'，在政企单位却没有实施任何动作。我到公司后不愿意放弃政企单位市场，不断地拿着这个生产力工具在政企单位一线进行测试，以证明此工具在政企单位具有很大的市场空间，终于在 6 个月后打开一些局面。然而彼时时机已晚，由于投入的人力、资源不足，我们落后竞争对手已经有半年，这期间竞争对手反而进入了进攻阶段，我们想要超越对手，却已经失去了先机。没有定好策略，意味着销售行为非常混乱，组织资源混乱，错误的销售方向必然导致不好的结果，不仅浪费了资源，而且打击销售人员的信心。"

在销售领域成长起来的销售一号位往往容易陷入一个误区：以为自己非常了解一线。但实际上，随着晋升后角色身份的转变，销售一号位获取信息的门槛会变高。因此，不管是跨行转岗的销售一号位，还是销售出身的销售一号位，深入一线都是他必须强调的行为和能力。

"业务发展生命周期"不同决定了销售策略的不同

不同业务的发展阶段同样会影响销售策略。在不同业务阶段，制定销售策略所须注意的事项不同，对产品、市场、HR 等提出的要求也完全不同。基于此，我构建了一个"业务发展生命周期"模型（见图 2-4）。

业务发展生命周期模型是一个以时间维度划分业务阶段，并试图从中找出每个阶段的核心目标、核心驱动要素的模型。它描绘了一个业务的发展趋势，指明在不同阶段，业务形态和组织侧重的不同，比如在不同的业务阶段，销售策略、产品策略、市场策略、人才策略的侧重点均不同。该模型后来一直运用于前文我们提到的酒店业务实践，帮助该业务在全球市场高歌猛进。此模型也被一些公司用于企业策略的制定，帮助大家厘清了每个阶段的主要矛盾，加强了业务各个环节的节奏协调性。

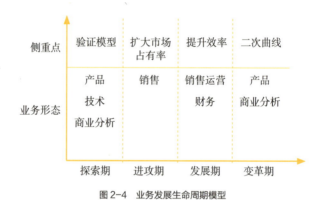

图 2-4 业务发展生命周期模型

业务的发展大概分为四个阶段，分别是探索期、进攻期、发展期和变革期。

探索期：探索期的核心目的是"搞清客户价值，验证商业模式，初步建设核心能力"。在这个阶段，最重要的是思考，包括：谁是你的目标客户？能向目标客户提供什么样的价值？为了实现这个价值需要具备什么样的核心能力？销售团队在这个阶段的核心目标，是将某个城市或某些客户作为试点，拿到具体反馈。

比如我所创立的橡鹭科技旗下的智能炒菜机器人"美膳狮"，

我判断该业务是否完成了探索期的进度主要看三方面：首先是客户买了智能炒菜机器人之后，会不会持续使用，这反映的是产品是否"真使用"；其次是客户会不会复购，或者愿不愿意将产品推荐给餐饮圈"好友"使用，这说明的是产品是否"真好用"；最后是餐厅消费者在吃了机器人炒制的菜品后，口味有没有更好地得到满足，餐厅的人员成本是否下降，经营效率是否提高，这说明的是产品是否存在"真价值"。如果完成了三项指标的验证，我认为该业务就通过了"探索期"阶段。

进攻期：进攻期的核心目的是夺取市场份额。进攻期是快速扩张时代，是销售团队最有成就感的阶段。该阶段的显著标志就是销售团队的规模会快速扩大，从人才招聘、培养，到搭建销售系统、租赁办公室等，市场份额随之快速提升，这时期产、研等部门的很多工作都以销售团队为核心来开展。进攻期尤为重要的考量因素是节奏，比如如果你具有先发优势，但是在技术上的领先代际差并不是那么大，就要加快市场进攻的节奏，快速取得规模效应，提高业务壁垒。这期间也会是公司市场部门、PR（公共关系）部门的发力期，市场部门和公共关系部门需要借助一些推广和传播的形式，建立公司的品牌形象，占领用户心智。

发展期：这个阶段意味着业务增速开始放缓，市场份额基本稳定。那么开源节流、提升效率、关注利润就成为该阶段极为重要的目标。开源节流主要包含合适的定价、更丰富的产品类型，控制不必要的补贴等费用；效率提升为人员效率、费用效率等。

通俗地说就是，该赚的钱要赚，但与此同时该省的钱要省，最后实现利润增长。

此时销售运营、财务团队的重要性逐渐提升，销售团队规模也开始呈现两个特点：一是销售分层，比如 KA（关键客户）、CKA（大客户经理）在这个时期开始出现，销售管理走向精细化；二是开始出现搭配销售 1+N 等更丰富的产品，销售从"猎人"（或称"狩猎者"，hunter）变成更需要关注精耕细作的"农夫"（或称"耕耘者"，farmer）。

在发展期也意味着企业进入成熟期，这个阶段的企业既有骄傲也有焦虑，骄傲的是企业的市场地位，焦虑的是企业的未来增速。

变革期：变革期几乎是一个全球难题，进入这个阶段，公司的死亡率超过 80%，如果公司能及时找到第二增长曲线无疑是幸运的，但即便能够找到第二增长曲线，成为百年企业的公司在全球也寥寥无几。这确实是一个很艰难的阶段，意味着业务涨不动了，竞争对手还会反扑。

因此，这一时期销售团队有两个非常核心的职责：一是尽可能地维护原有的基本盘，不要丢得太快；二是迅速配合新的产品，积极地探索新的增长曲线。

遇强采用"侧翼战"，聚焦某个细分市场；遇弱采用"进攻战"，进行密集式攻击。这里经常会遇到的一个问题是，在面临进攻战的机会时，销售一号位能不能敏锐地感受到时机并说清楚，这决定了他能不能从公司拿到充足的资源，最后能不能有效排好兵布好阵，直到取得满意的结果。

销售策略制定实例分享

前文提到，随着业务发展阶段、竞争关系的不同，销售策略也会呈现不同的特征，因此我们应当根据作战需要进行客户分层，比如中小商户、关键客户、大客户、国际集团，再基于客户分层进行销售组织划分。

如前文所述，基于公司的战略，区别于同行按照大区的酒店销售组织划分，我们把酒店行业分为高星和低星市场。

通过对竞争对手财报的分析，我们知道对方平均间夜的价格为三四百元，一个间夜毛利能有四五十元，也就是说，我们面临的问题是竞争对手占领的是高毛利、高客单价的市场。

基于以上数据，我们分析低星酒店市场每个间夜的客单价约为150元，一个间夜只能获得15元左右的收入。在这种情况下，我们就不能照搬高星市场针对每个间夜铺人力的打法，而是要降低获得单间夜的成本，这样才可能长期健康发展。

于是我们根据客户等级和密度，制定了一个"电销（电话销售）、地推（地面推广）、关键客户销售"三位一体的组织架构和混合式作战单元，让整个业务的成本结构得以满足 UE 模型的要求。

以上就是一个销售策略制定的过程，而"电销、地推、关键客户销售"三位一体组织架构和混合式作战单元就是销售一号位"纵观全局"后制定出的销售策略。当销售策略这个主要矛盾确定后，产品策略、组织搭建的路线就会逐渐明朗。

在产品策略上，前文提到该业务短期目标是成为低星酒店预订市场的领先者，长期愿景是打造世界领先的一站式酒店服务平台。由于短期业务战略目标为低星市场，那么原有酒店预订行业（以高星酒店为主）的组织能力、产品形态就不一定适合低星酒店。低星酒店的经营者组织架构简单、房型较少、从业者没有接受过专业的培训，针对这些客户特点，我们在产品策略上没有为他们提供四、五星酒店那些专业复杂的线上操作系统，反而更强调简单易上手、对账清晰准确，比如"字体清晰、字号大"。

这条产品策略的制定源自产品和销售同事深入一线时的观察，当时低星酒店电脑的分辨率较低，工作人员距离显示器又比较远，字小了他们会看不清楚，容易在查询订单安排用户入住、核销账单等环节造成很多麻烦。于是销售一号位就主动、及时地把信息和建议提供给相关协同部门，共同制定了这条犀利的产品策略。

在组织搭建上，在"电销、地推、关键客户销售"三位一体的整体组织架构下，我们需要针对低星酒店构建一个相适应的销售团队，同时进行相应的能力建设。区别于高星酒店需要的商务礼仪、中英文沟通等能力，低星酒店强调勤拜访、能说家乡话、温暖、接地气等，也就是说这个团队能切实帮助低星酒店商户排除顾虑、快速提升线上营销的水平。

过分注重人效易导致战略失误

销售策略分为效果型和效率型两种，不同的业务和业务特征，所需要的策略类型也不同。

曾经，在销售策略方面我属于效率优先提倡者，试图证明我能用更少的人、更少的资源取得较好的效果。2014年我来到酒旅业务时，当时团队没有电销，我率先提出需要使用电销，原因是当时地推团队签一个客户成本要200元，电销只要50元。分析这两种销售形式，不难看出，电销在专业性方面并未显现出更多优势，但是它的成本低，后来我们确实用2000个BD（商务拓展人员）、1000多个客服取得了战役的胜利，而同时期竞争对手有近万个商务拓展人员、12000多个客服。

虽然最后我们取得了胜利，但用更少的人、更少的资源取得战争胜利这个理念就一定对吗？不一定。

过于注重人效容易产生重大的战略、策略失误。比如，在业务的进攻期，如果不快速进攻，就可能造成核心市场的旁落，这个时候讲究人效、性价比的意义就不大。如果一个大型公司布局的是百亿元的市场，一旦业务做成了，即便你多花了5亿元，也没那么重要，重要的是把业务做成，如果业务没有做成，少花5亿、10亿元，也没有任何意义，业务还是会"死"或者被别人抢占。我们需要根据业务阶段、竞争态势判断是否选择效率，哪怕多花些钱，哪怕组织在某段时间处于一个相对混乱、效率相对低下的状态，也一定要把"天时"把握住。

效果型策略有以下 4 个特征。

- 客户分层：电销、普通商务拓展、大客户专员、关键客户、战略关键客户。
- 区域分层：一线城市、二线城市、三线城市、四线城市、旅游城市、海外市场、东南亚市场。
- N+1：业务间的互相搭售和帮扶，比如某公司旗下 A 业务搭售 B 业务共同出击。
- 差异化供给：在产品丰富度上实现稀缺性。

效率型策略首先包含先进的工具和人的培养，如果我们能通过工具的建设提升单兵能力，那么每个人的能力都能指数级提升，这样就可以用更少的人获得想要的结果，也就是我们常说的"一个兵顶别人五个兵"。

销售策略并非制定后就一成不变

当然，策略制定后并不是一成不变的，需要根据产品和外部环境的变化及时进行调整，销售策略的变量有以下四个方面。

第一，基于产品变化产生的销售策略变化。比如某公司酒店业务最开始的形态是团购产品，后又转向了预订产品。区别于其他业务，酒店的特殊性在于每家酒店的价格和库存都在不断变化，比如平均每个酒店有 7 个房型，每个房型一天会变动 2 次价格，我们需关注它未来 3 天的价格变化，并且在全网监测竞争对手价格后和公司的产品进行比较，让商务拓展人员做好价格调整，团购价格若锁死，则不能很好地满足商户的需求。再者，酒店的库存具有时效性，比如每天 100 间房，若多卖 1 间，用户抵达酒店后没有房间，容易产生不满情绪；对商户来说，拥有 100 间房却只卖了 80 间的话，显然就"亏"了，这需要在 OCC（运行控制中心）和 ADR（自动动态定价）之间求得平衡，显然团购产品并没有那么契合商户和用户之间的需求，而预订产品既能够满足用户需求又能够满足商户需求，这需要销售一号位对业务本质深入理解后积极改变销售策略。

第二，基于客户分层的变化。该公司酒店业务最早不是按单体酒店、经济连锁酒店、四星高档酒店、五星豪华酒店等类型来管理的，而是按华北、华南、华东、华中的地理区域来管理，后来根据前文所讲到的高星、低星酒店战略的选择，我们进行了客户分层调整，虽然这个变化给整个销售团队建设、销售系统建设、数据产品建设都带来了不小的挑战，但在战略方向上做对了，都是值得的。

第三，随着服务体系的进化，销售体系也会发生变化。过去很多销售因为经常和 B 端企业打交道，对用户的诉求感受不强烈，"以客户为中心"更多只是挂在嘴边。所以，后来在我所在的公司，我都会把服务指标加进去，比如到店无房、开具发票、过期退款等，让销售团队兼顾 B 端和 C 端利益的平衡。

第四，基于流量政策变动的销售策略变化。当流量收缩时，销售是否要开始承担一些获得流量的战略任务，促进业务新一轮高速发展，这也会对销售策略产生影响。

制定销售策略的三大误区

在制定销售策略时，通常容易出现以下几个误区。

一是仅以效率优先，不关注效果，账算得很细，但是势头不够猛，这一点在销售中台出现的概率较大。

二是势头足够猛，敢于要资源，敢于要费用，敢于要 HC（人员编制，俗称"人头数"），但是投入的市场是不对的，势头猛的地方不对。

三是销售团队的定位、能力和客户的需求不一致，忽略客户分层和销售团队的匹配。

如果对客户的分析不够全面，整个销售团队该怎么建设、该怎么进行客户分层、该怎么制订激励方案，就可能出现策略制定偏差，比如拿一套方案去匹配所有的客户类型。举个例子，一般对大客户销售的考核周期比较长，在考核销售团队对于某全球五星级连锁酒店的签约时，每个月考核一次的方式就不会有意义，因为签下这个客户可能需要三年时间，太过着急反而会让大客户不满，得不到预期结果。但针对地面电销，我们可能就要考核每天的拜访次数、每天的电话拜访量，颗粒度需要比较细，不同分层的特征考核方式也并不一样，我们不能用一套标准套所有的类型。

当然也有人会说，谁不会制定策略呢？确实，制定销售策略几乎所有销售负责人都会，但是制定的策略是否足够犀利是另一个衡量指标，也是我们判断某个人是不是一个销售一号位的标准。

这里包含三个进阶层次：

- 是不是适合公司当下的业务，这是一个基本能力要求。
- 是不是能用更少的人、更少的资金，效果、效率兼得地取得胜利，这是一个进阶能力要求。
- 是不是能在竞争、人力、资金都处于劣势的情况下，有"四两拨千斤"的效用，这是一个顶级能力要求。

制定销售策略，是销售一号位的责任，同时也是销售一号位拥有的决定权。如果想成为某个价值较大市场的领先者，CEO和销售一号位都要有耐心，要有长期规划和操盘的能力。要明白，想要成为行业第一、全国第一、全球第一，这不可能是一两年就可以的，而是需要长达10年、20年的积累。因此，在整个过程中，什么时间该实现什么目标，该做什么事，需要匹配什么样的资源，如何根据整体的业务战略制定适合的销售策略……进行排兵布阵至关重要。

因此，对CEO和业务一号位而言，有一个能与自己同频同行的销售一号位相当重要，同样，销售一号位能够结合业务战略制定与 CEO、业务一号位同频同行的销售策略，是他的权利和义务，也是此岗位的能力要求。

定目标：用五维度对比法科学制定目标

目标是作战的指挥棒，销售一号位及其带领的团队是目标的承接者。因此，制定科学的目标，与上级达成共识获得资源，是策略顺利落地的重要前提。

不同业务阶段的目标侧重点不同

前文提到"业务发展生命周期"，它将业务的发展分拆成"探索期、进攻期、发展期和变革期"四个阶段，这四个阶段各自的目标、侧重也有所不同。

探索期，找到一部分种子客户，以探索产品的可行性为目标。这时的销售目标并不是放大，而是找到适合的种子客户，得到有效的反馈，探索出定价模式。比如探索出是聚焦国内还是国外市场，是大城市还是小城市，是先进攻连锁还是单店企业？能够把所有的特征都抽象总结出来，是探索期的核心目标。

进攻期，以不断复制、放大种子用户，获得规模为目标。这个阶段意味着业务到了扩张期。在此阶段，业务已在全国或全球范围内找到了种子用户模型，实现了 PMF（product market fit，指产品和市场达到最佳的契合点），接下来就是要将客户案例和模型不断复制、放大。这时候客户数量、销售额、市场占有率等是主要的指标。

进入发展期，获取企业利润是主要目标。这个阶段意味着已经有稳定的客户价值和群体，需要更多关注盈利指标。收入、成本、利润、续费等财务指标应该是这个阶段需要重点关注的。

最后到了变革期，保住老业务以及打造新业务是主要目标。这阶段意味着原有的业务模式出现了颓势或是负增长，需要尽快找到新的增长曲线。此时，需要在兼顾老业务实现稳定收入和利润的同时，积极进行新业务的探索，核心目标有两个方面：老业务的收入和利润，以及新业务 PMF 的探索。

这里容易出现的问题是销售一号位对每个阶段的理解不够，节奏感不好，制定的目标没有客观反映业务特点或阶段需求。比如，在尚未弄清客户分层和 PMF 的情况下，主要进攻市场份额，造成了公司资源的浪费，影响公司现金流；又比如，在进攻期过于保守，缺乏战斗力，这就容易错过黄金发展机遇期。

一个优秀的销售一号位一定是一位"节奏大师"。如何找准这个节奏感，有一些较粗的颗粒度指标可供参考：

- 探索期指标：回答清楚"哪些客户愿意购买公司的产品或服务，且愿意付费"；

- 进攻期指标：主营业务的 YoY（Year-on-Year percentage，年同比增长率）增速大于 50%；

- 发展期指标：主营业务 YoY 增速大于 20%；

- 变革期指标：当主营业务收入 YoY 增速小于 5% 时就要警惕业务是否进入了变革期。

科学制定目标并与上级对齐

销售一号位能不能就目标与上级进行对齐是获得资源的关键。对于目标进行"非理性、非科学"的沟通，缺乏科学地定量评估问题的能力，往往是销售一号位容易出现的问题。之所以产生这些问题，原因是一些销售一号位会把销售目标设定的过程，变成一个和上级进行感性交流，甚至是一个靠关系、来回博弈、交换的过程。

"靠关系"指的是销售一号位由于和 CEO、业务一号位关系亲疏不同，会被给予不同的销售目标。其中的逻辑不是基于客观数据，而是靠感性认知。比如和上级关系好的人可以拿到更多的目标折扣，关系差的则相反。

"来回博弈"是指销售一号位熟悉公司的预算规则和时间安排，通过一定的时间消耗，最终让上级妥协。比如，在掌握公司在某个时间一定会把预算定下来后，他故意拉长时间，反复多次讨论，最后在大家都筋疲力尽的情况下拿到一个折中的销售目标。这个"来回博弈"是上下级故意为之，希望通过时间精力的消耗来获得彼此的目标退让。

"交换"讲的是可以接受目标，但是要更多的回报。不论是费用投入、人员规模，还是年终奖或者期权，总之是想要更多的资源。这些是常见却非科学的处理方法，可能在某个时间、某家公司、某个领导那里得逞，但不会长期有效。

科学的目标制定要兼顾效果指标、过程指标和效率指标三个维度。效果指标指的是要打多大的仗，业绩是多少，主要关注结果；过程指标一般用于中台能力建设；效率指标也是人效指标，人效＝总收入/人员编制。通过这个公式可看出要提高人效，分子、分母两个因素都得控制，既要提高总收入，还得控制人员编制，而这在发展期尤为重要。

五维度对比法科学制定目标

目标的制定可以采用五维度对比法（见图 2-5），分别是：自我纵向比，外部竞争对手比，内部横向比，与行业大盘比，以及与世界最佳比。

自我纵向比。指的就是去年和今年自我比较，大致包含效果和效率两个指标。比如在效果方面，去年取得了 10 亿元的收入，今年的增速预测 YoY 为 30%，可以测算出今年大概的目标为 13 亿元；在效率上，比如依据去年人均创造的年收入，来计算今年团队需要的人数预算，通过收入预测、人均效率提升、费用效率提升等来确定目标。

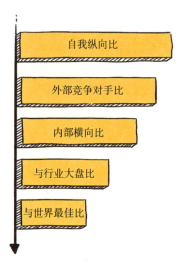

图 2-5 五维度对比法

外部竞争对手比。指的是以核心竞争对手为参照标准来制定预算。比如，核心竞争对手的销量如何，假设我们的增速是对手的 2 倍，那么我们的市场份额应该是多少。

内部横向比。也就是看看同公司其他优秀的兄弟业务怎么设定目标，设定了多少的增速，通过向内部最佳学习，超过内部最佳。

与行业大盘比。指的是如果面对一个新的增量市场，与公司内部比，可能会觉得自身业务发展速度比较快，但实际不一定是这样，需要把自身放到整个增量的行业中去比对。比如 K 公司觉得自己发展迅速，但行业中 D 公司、H 公司等发展都很快，这只能说明客户需求在快速爆发阶段，并不能说明个人单体的优秀，所以评估大盘的增量速度有助于客观看待自己。

与世界最佳比。这种情况适用于已处于国内市场金字塔尖的公司，那么它就可以和世界第一对比，比如中国在线旅游网站可以和缤客比较，中国的电商公司对比亚马逊公司，中国的手机公司对比苹果公司，这样就能够发现很多可以优化和提升的地方，最后通过效果和效率指标夯实下来。与世界最佳比也能帮助我们承认先进、学习先进、超越先进，为公司带来新的发展动力。

你可以用下表来分析一下自己公司当下业务的增速在市场中的水平，这将影响你的目标制定和激励获取。

表2-1　五维度对比法

五维度	自我纵向比（YoY）	外部竞争对手比	内部横向比	与行业大盘比	与世界最佳比
自我业务增速					
比对维度增速					

销售目标制定的三大误区

第一，没有找到比较精准的度量方法，指标的抓手不稳定。比如明年销售目标到底是涨20%还是30%？人效应该提升10%还是20%？这个过程没有根据业务五维度对比法进行科学测试，谁也无法说服谁。

第二，在业务的进攻期过度关注人效，导致对于某些市场的进攻速度不足。举个例子，在2019年之前，中国三、四线城市的酒店供给数量在提升，酒店营销的线上化率占比在提升，这个时候应该能够正确判断该业务已到了进攻期，此时也应该有比较清晰的作战方案，需要快速就业务阶段与上级对齐，拿到该有的人力、资金资源，帮助快速打开市场，取得竞争优势，而不应过分关注人效，导致错过进攻市场的最佳时期。

第三，被动地接受上级设定的指标。有些销售一号位比较被动，上级定下来一个目标，比如明年要达到某个业务涨幅，销售一号位未经思考就接受了，随后就奔着这个目标去制定策略，这种做法不一定正确。正确的方法是先有策略后有目标，比如说看到了流量的新机会，看到了下沉的新机会，看到了产品变化的新机会，看到了政策变化的新机会，要基于这些因素制定清晰的策略，然后再根据此策略科学地定目标。现实往往是有些销售一号位和业务一号位的配合不那么密切，销售一号位容易在业务一号位的强压下先接受这个目标，再倒推或者制定自己的策略，这样的做法容易把自己和业务都带入危险境地。

销售前台适合 KPI，销售中台适合 OKR

有目标就有考核。销售分为销售中台和销售前台两大部分。

销售中台包括销售运营、销售数据分析、销售培训、销售系统建设、销售绩效考核等，犹如战场的作战指挥室、后方弹药供给部门和服务保障部门三者的结合。由于它的职能属性更偏向中长期的能力建设，更适合 OKR（目标与关键成果法）的考核方式。

销售中台需要建设各项能力，比如销售系统、SK（销售工具）、销售培训、销售运营等，这些能力不太可能一蹴而就，OKR的核心在于目标明确，关键成果可进行不断调整，这刚好与销售中台强调的大方向正确、关键行为可不断地优化和迭代不谋而合。

销售中台使用OKR考核容易陷入一种误区，就是虚幻地去进行所谓的能力建设。比如我在工作中遇到过，有位中台部门的同事在汇报的过程中，做了一个非常复杂、炫技的公式，汇报时扬扬得意，但根本没办法帮助前线销售"打仗"，这没有意义。

销售"打仗"主要关心三件事：有没有更多销售线索和机会，能不能持续提升签约转化率，对成功签约客户是否真有帮助。销售中台服务销售前台，最终目的在于为客户创造价值，助力业务发展，帮助一线销售"把仗打赢"。这是企业生存的根本，所以在这个环节中，个人想做什么不是最重要的，最重要的是客户想要什么。因此，炫技式能力建设并不是组织需要的，这不仅会浪费自己的时间，也会浪费组织的资源。

销售前台作为"作战先锋"，属性和中台不同。它的特征是每个人的行为和结果都非常明确，比如过程管理中每个月签多少新客户，维护多少老客户；每天打多少电话，拜访多少商户；又比如结果管理中，每个月需签订多少合同，有多少回款，创造多少收入。这些过程管理和结果管理，都可以用非常细致、明确、量化的指标去规定，因此前台更适合用KPI（关键绩效指标）考核。

那么，销售前台应该如何科学地制定 KPI 呢？要遵循以下几个原则。

- KPI 要符合公司业务阶段的导向，这是前提。
- 制定的 KPI 要能够完全闭环可控，这是关键。举个例子，假如以利润作为指标考核销售，但在整个过程中，销售根本掌握不了成本或定价，此时考核利润的意义就不大，这会影响销售的积极性，产生不必要的矛盾。所以，考核 KPI 时需要注意"可控输入指标"。
- KPI 量化的过程中需要注重数据采集的准确性。这关系到每个销售的收入，避免出现有人评判这个销售是 10 分，有人觉得他是 5 分，评估结果存在比较大分歧的情况，导致无法做到公平考核。
- 考核时目标拆解一定要清晰可落地、可衡量。也就是每个销售自己能轻松算出来，他能够大概掌握签约一个客户能带来多少个人收入。考核方式的简单、清晰有助于提升销售的动力。相反，如果是一个极其复杂的公式，基本上意味着这个目标管理是失败的。

销售前台在组织里和其他部门的价值不完全一样。有些部门为业务中长期建设负责，比如产研、中台等；有些为中短期结果负责，而销售团队恰恰更多的是要为中短期结果负责。但如果没有清晰的目标管理，结果就是无法把组织的销售目标拆解到各层，就容易出现以下问题：

- 每个销售都不知道个人的行为、结果与组织的大行为、大结果之间的关系。
- 销售自己和组织都无法衡量、评判自己工作的过程、结果及目标。
- 组织无法对销售的薪资进行准确的发放，无法形成有效激励。

由此可见，目标管理是组织目标、个人自我管理的连接器。那么，常用的 KPI 指标管理维度有哪些呢？这包括三个方面：过程管理、结果管理和价值观。比如电话、地推等，适用于过程管理，在过程中保证频次等，这是一个考量勤奋度的指标；比如签约、回款、毛利率控制等属于结果管理；价值观则是指一个人是否正直、诚信、无贪腐行为等。这三者的比例设置为 2：6：2 较为合适。

在利用前文方法确定了策略和目标后，到具体的执行环节，我们通常会给到销售一号位的意见是"上个台阶看问题，下个台阶做事情"。上个台阶看问题，是增加看待事物不同的角度和视野；下个台阶做事情，主要是在整个组织要涉及全新领域的时候，比如推出一些重大的项目或系统有新事物诞生的时候，销售一号位一般需要下场亲手"打样"。

新事物常常意味着组织在这个领域没有人才，也没有能力，此时销售一号位不能指望假手于人，而是要亲自下场实干一次，拿到行业的真实信息。举个例子，新东方进入直播行业时，一开始俞敏洪自己上场"打样"。俞敏洪也不是真的要当主播，但是通过这个行为他能够理解直播的逻辑和细节，他知道找什么样的主播是对的，知道怎么匹配用户的审美，怎么去规划流程和设计。

销售一号位亲自下场不是为了自己把事干成，而是为了了解全局，这是"下个台阶做事情"。销售一号位、业务一号位和CEO都比较擅长方法论，但是只有自己干过，了解事物所有细节，失败或者成功过，把最小的业务单元弄明白了，最后带领组织构建的系统才会有风险抵抗能力。

第三章　上下左右

一个销售一号位想要取得预期结果，在企业中就不能孤立存在，而是需要处理好组织中的协同关系，这些关系我们总结为对上、对下、对左右、对自己四种，它们刚好涵盖了"行军打仗"过程中需要具备的工具与粮草。

对上指的是如何与上级相处，这个上级可能是业务一号位，也可能是CEO。如果销售一号位的规划和公司长期战略不符，就很难产生正确的结果，也得不到上级的资源支持和有效激励，自然就会"缺粮少食"；对左右，指的是与平行部门相处，如果没有产品、研发、生产、交付、人事行政、财务、市场等部门的支持，销售一号位就不会有足够的"弓、马"等工具，也只能是孤掌难鸣；对下，指的是管理下属，如果没有做好下属的组织匹配、目标管理、薪酬管理、标杆管理等工作，也不能保证所带领的队伍能打赢战役；对自我，指的是处理好与自己的关系，销售一号位如果缺乏协调好自身心力、脑力和体力的能力，也容易造成个人职业生涯的"崩盘"。

销售一号位只有做好这四个方面，才能将公司上上下下的力量拧到一起，形成合力，最后创造明确的客户价值，完成业务目标。

齐上：转变心态、对齐目标、获得支持

通过对许多销售管理者的调研，我们发现，最难的不是"对下"，而是处理"对上"的关系。其中最常见的一个问题就是不知道上级要什么，自己在工作中难以获得较高的认可和评价。

与上级沟通的前提，是在某些方面具备与上级相同的"格局"。有时候我们习惯性地把"格局"理解为一个褒义词，实际上"格局"不是褒义词，也不是贬义词，而是中性词，指的是视角和视野。"格局"一词源于围棋，围棋的棋盘是横竖格，一个个格子就是"格"，整个棋盘就是"局"。那么，一个人的目光从10格放大到100格，就是扩大自己的视角。只看局部利益而不看整体利益，就是我们常说的格局不够。

与上级相处，格局不够就很难同频对话。格局不够体现为不清楚公司的战略，不能够基于业务战略去拆解销售策略，导致不能清晰地提出自己需要什么样的资源，以及为什么需要。销售一

号位通常来找上级要资源，但这个资源与策略、目标之间并没有必然关系，业务一号位也不能理解为什么，时间长了，信任感就会下降。

另一种场景是，上级和销售一号位自身对如何评估销售一号位的业绩存在较大的差异。比如，销售一号位没完成目标，上级觉得是销售一号位的自身原因所致，但是销售一号位认为是公司产品不给力、品牌不够强、竞争对手很强势，导致没有得到好的结果；或者是另一种情况，销售一号位的业绩不错，但上级分析时认为这是因为公司品牌好，产品好，销售一号位在其中的贡献并不是那么大。这就造成了二者间的冲突。我们通过这些现象来看如何解决相应问题。

第一，很多下属容易挑上级毛病，抱怨上级能力差，比如"这种事他都搞不定，不配当我的领导"。如果是这种心态，这个人在职场上很难持续成长。我本人也是在工作很多年后才明白这个道理的，那就是任何一个上级都有优缺点，而你存在的价值就是认可上级的优点，同时积极补位上级的短板，双方共同努力达成业务目标。如果上级没有短板，就不需要你这个岗位的存在。想和上级建立良性的配合关系，这种心态的变化非常重要，特别是高级管理者。我观察到有些人之所以职场不顺利，一个很重要的底层因素就在于此。

第二，了解上级的工作特点也是合作成功的前提。上级是思考型还是行动型，是喜欢管细节还是喜欢抓宏观，对时间观念强还是不强？行业内一个教父级人士的特点是，喜欢不超过三页的PPT（演示文稿）。在他的公司，超过10页的PPT他是不看的。有的则对时间观念特别强，要求铃响交卷。下属要关注上级的思维模式和行为特点，争取在思维模式和行为特点上与上级同频同步。

第三，很多人容易在没有弄清楚上级的真正意图时，上来就给解决方案并开始执行。这容易造成自己付出了很多，但是最终与公司和上级想要的南辕北辙，也得不到付出后该有的认可。我们可以对上级布置的任务提问题，比如："领导，任务我收到了，能否找时间问你几个问题：这件事的目的是什么？节奏怎么样比较合适？……"把对方的诉求深入了解清楚、对齐后，再开始规划与行动，并且在行动中及时对标，争取方向不走偏。

在过往的职业生涯中，我也有过此类错误，一个任务下来，为了表现自己的执行力，马上就开始行动；或者开会时上级提出问题，我立刻就给出答案。但这种时候，效果往往不是很好，在草率又仓促的情况下，很难给出高质量的回复。有一个同事的方法可以分享给大家。每当收到上级下达的任务，这个同事都会先问："这个任务大概有1、2、3三种情况，请问领导您最关心哪种情况？"他通过这种精准的问题分析和拆解与上级对标，先弄清楚问题，再进行解答，就能够做到有的放矢。

第四，如果你和上级在某次会议中的意见不一致怎么办？对此，很多人不是表现得过于沉默，就是过于激动。会议分为三种：加法会议、减法会议和宣贯会议。加法会议重点在于集思广益、收集大家的意见，减法会议是开始就事项进行收敛和决策，宣贯会议则是决策结束的全员宣贯并推动执行。如果是加法会议，上级的风格又相对比较民主，你可以大胆地提一些不同看法，给业务决策提供更多的信息源；如果是减法会议，就需要相对谨慎、思辨地反复斟酌，争取找到最合适的方案；如果到了宣贯会议，这是个推动大家执行的会议，你要尽量避免在公开场合唱反调。

有些人往往搞不清楚场合，在宣贯会议上唱反调，在减法会议上随意表态，在加法会议上反而当看客，这就是在错误的场合做了错误的行为，导致错过正确表达的机会。如果非要表达意见，减法会议是最后的机会，这时也尽量不要在公开场合反对，可以跟上级约时间单独进行沟通，这个沟通一定要有论点、有论证过程，更要有扎实的论据，而且要运用辩证法，相对客观地分析各个方案的优劣。在推心置腹地深度交流后，如果上级还是坚持原来的决定，而且该业务还需要生存发展，那你就需要坚定不移地对上级的决定予以执行。

第五，销售一号位要避免成为上级的附庸，变成单纯的执行者。一个人之所以成为销售一号位，肯定具备专业能力，因此在专业的事情上要自信，要给上级有理有据的建议和判断，不能让上级觉得你没有专业范畴的技能。比如我曾经数次在我负责的业务发展战略上和上级领导的观点不一致，但是我作为销售一号位，没有轻易放弃，而是在合适的场合与上级领导进行了有理有据的深入交流，这对业务后续的发展起到了非常积极的作用，反而得到上级的进一步认可，这就是以专业博得尊重。

第六，需要用一定的频次与上级对齐工作。上级有时候会比较忙，但如果你没有意识去跟上级对标现在的工作进展，对标思路和想法，对标遇到的问题，那么上级也容易没有安全感。很多职场人士很容易进入一个误区，以为与上级沟通是靠彼此信任，靠情感，但实际上哪怕关系再密切，一定频次的沟通也是非常关键的。一旦遇到沟通不足导致的信任不足，工作就很难开展，老板会加大力度去检查工作，而你需花时间去应付他的检查，双方进入恶性循环。因此，可以做一些改善，跟上级每周有个固定时间交流，在交流中把一些关键事项的进展、主要问题和协助的东西归类汇报，这相当于提高上级的时间利用率，不浪费他的时间。

如此，你和上级配合的默契度会逐渐提升，很多问题在沟通过程中就能得到纠正；同时你也能及时地拿到资源，及时地把握公司动态，然后去指导工作。这个过程对很多人来说，主要是要克服自身的心理障碍。

理下：选人才、打胜仗、懂激励

对下的管理，关键在于人才的识别、复制和激励，以及包括这三者的制度建设。

人才是一个企业发展的核心要素之一，优秀的组织和管理者一定有识别人才的能力。有人认为人才的识别是感性的，只需要对其能力和人品进行判断，这种方法并不是不对，只是我们可以做得更科学。

首先，人才的识别需要与业务的阶段、客户的类型等进行匹配：其一，人才的画像要适配于业务的特点，不同业务的销售周期长短、客单价的高低、客户的多少，对选择"兵种"有不同的要求；其二，不同类型销售的关注点也有区别，如图2-6所示。

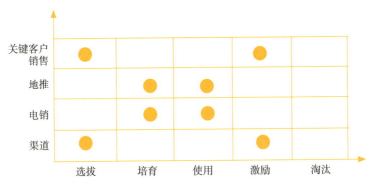

图2-6 不同销售类型的"选、育、用、励、汰"的侧重点

横坐标是人才培养的五个阶段：选拔、培育、使用、激励和淘汰。

纵坐标则是不同特点的销售人才的类型：渠道、电销、地推和关键客户销售。

在销售人才的分布中，渠道和关键客户销售的核心在于选拔和激励，电销和地推的核心在于培育和使用。这是为什么？

地推和电销主要是面对中小商户，需要的是整齐划一的动作，强调勤奋、逻辑清晰且愿意成长，通过 SOP（标准作业程序）系统培训到位，基本上能完成相应的销售目标，这是一个偏标准化的岗位。

关键客户销售和渠道不一样，关键客户销售的重点是选拔和激励。优秀关键客户销售在这个行业都拥有多年实战经验，可能需要懂业务、懂产品、懂营销，但具有这样经历、能力、人脉资源的人才的供给数量一般不多，这时候我们不能指望在内部短期去培养这样的人才，而是要在行业中把这样的人选出来、招进来。

人才识别出来了就需要激励措施把人才留住，这是"打胜仗"的前提。通常我们说"仗打赢了"，有了胜利的果实，组织内部的大多数问题和矛盾就解决了，正所谓，"打胜仗"是最好的团队建设，也是证明自己最好的方式。仗打胜后面临的就是激励制度的建设。

相比产、研等中长期考核的部门，销售团队的激励制度相对简单，因为销售团队的大多数行为和结果都可以用数据来衡量。所以销售团队的激励只需要把握三点：现金部分要关注固浮比，优秀的人要给予期权，晋升要服众。

这里我们谈一些关于固浮比的小建议。固浮比指的是薪资构成中固定工资和浮动工资在总薪资中的占比，既能保证 KPI 的有效执行，又能激发员工的积极性。假设一个月薪资为 1 万元，其中 5000 元是浮动工资，剩余 50% 是固定工资，越往基层的员工浮动工资越多，越往高层则固定工资越多。对中台来说，基于他们更偏向于能力建设的属性，固定工资占 70%，浮动工资占 30% 相对比较科学。

惠左右：用共赢思维获得中长期支持

规划好销售团队的中长期能力建设，是一个销售一号位在具体日常工作中最不能忽视的事，也是区别一个销售一号位和一个普通的销售负责人的重要指标，比起短期拿到结果考验单一部门的能力，中长期能力建设更依赖与左右部门"同步同频"。

比如需要协调产品设计部门，评估设计的产品是否符合当下阶段客户的需求，不能超前。例如，在酒店业务的发展前期，业务的核心指标为覆盖单体酒店时，产品部门把重点放在研发四星、五星酒店产品上，业务策略关注低星市场，此时若把高星市场的产品功能和系统拿过来用，这显然是不合适的。同样，如果业务节奏到了需要扩展至经济连锁酒店时，商户的核心诉求成了对发票统一结算，对促销统一管理，此时产品的功能就需要围绕发票和财务进行；随后四星、五星酒店要有更复杂的房型，比如单人、双人、豪华、行政；带早餐、不带早餐；带门票、不带门票；还需支持外币和信用卡的支付，支持多语言；因此在页面展示上，产品也要符合四星、五星酒店的需求。

跨团队合作会产生很多的误区，一个常见的场景是销售团队常常抱怨："我们部门最辛苦，又要攻击竞争对手，又要拿下客户，但内部其他部门还不配合。"很多销售会认为跟客户成交是天然的事情，但不看重与横向部门成交，他们认为自己是去"打仗"的，其他部门就得无条件支持自己，但事实不是这样的。

如果不懂财务，财务的流程规则就会制约销售获取订单；如果不懂人力，就不知道在什么时间点应该提前去预判市场的竞争情况，就没有办法去做人才储备。任何一个部门都有自己专业的知识框架和规则，并不是天然地就要无条件配合销售。

以上抱怨的情形该如何解决？

第一，解决意识根源问题。对很多销售一号位而言，其实不是意愿问题，而是意识问题。他们不知道原来作为一个销售一号位，需要去跟平行部门建立良好的关系，才能获得业务的中长期发展。所以抱怨的根本是认知层面的不足，认知到跨团队合作是实现部门成功的第一步，这是一个非常重要的前提。销售一号位要知道自己有平行部门，这看似是一句废话，但很重要，很多人抱着自己部门是"天下第一大功臣"的想法，眼里没有平行部门，自然就不可能有良好合作的前提，所以跨团队合作前要摒弃这种先入为主的本位主义思想。

第二，承认所有部门的价值。很多人知道有平行部门，但都认为对方不重要。比如产品部门认为销售团队作用很小，认为可以用自身产品的能力借助"机器人"去减少销售团队的人员或者对他们进行裁撤。同样，销售团队也认为产品、市场团队都是一些"大爷"，不用给对方提需求，即便提了对方也不会按需求做，反正最后订单都是销售签的。这些都是常见的业务各职能之间互相的看法，而正确的做法是大家互相尊重彼此的专业属性，认可彼此的价值。

第三，如果出现双方合作障碍，理性分析比抱怨更有效。譬如分析对方不配合的原因，是协同部门对销售团队的需求不够了解，还是不愿配合或没有能力配合，抑或因为考核方式没有厘清，导致有部门出现了"多一事不如少一事"的旁观者心态？进行分析后，销售一号位针对不同问题可以找出不同解法。比如，如果是几个部门的利益没有梳理清楚，那么让销售中台和销售团队利益绑定是一种好的解法，可以帮助改变"多一事不如少一事"的心态。

有了跨团队合作的意识后，合作过程中也并不能自由散漫，可以从以下几个方面着手，来提高双方共赢的概率。

其一，传递真实的信息。和协同部门交流的前提是掌握全面、深度且客观的信息，而非带有个人偏见的分析、解读甚至添油加醋。现实中容易出现的情况是，销售团队基于自身利益放大客户的抱怨和批评，夸大竞争对手的进展。比如向合作部门传达客户反馈对手的价格特别低、付款条件特别宽松等非客观信息，人为制造过度恐慌或过度自信的情绪。而夸大付款条件则容易影响公司现金流，最糟糕的情况则是造成公司长期处于亏损状态；夸大客户的赞扬则容易造成协同部门对客户的需求不能精准掌握，错过产品调整期。总而言之，如果销售团队不能真实、客观地反馈客户评价，那么内部部门就可能出现"作战"偏差。

其二，制定科学的会议机制。过往我们观察到有些销售一号位偏好与其他部门负责人进行私人关系的建立，比如两个部门的负责人一起吃饭、喝酒，以此推动跨团队合作，但这种方式其实有一定的局限性。

跨团队合作的目的是服务客户，促进业务发展，如果一家公司有只凭私人关系就能够获得资源的风气，就容易导致各部门对整体大局、业务判断失去公允性，严重的话可造成整艘大船的沉没。譬如某销售部门和 A 部门建立了良好的私人关系，在与 A 部门推进协同时比较顺利；但这恰恰有可能发生和 B、C 部门因为性格、沟通方式不同，私人关系不好，导致业务推进比较吃力的情况；反过来，和 A 部门私人关系好，也可能导致 A 部门对此销售部门的判断失去公允。以财务部门为例，如果销售与财务部门并非通过公开渠道，而是建立了一种私人关系，那么财务部门就有失去独立性和监管地位的风险。因此，我们不建议销售一号位与跨部门的负责人完全通过私下建立个人关系进行交流，这种方式仅仅可作为辅助手段，但如果成为公司主要手段与风气，则容易给业务留下较大的后患。

通过有效的会议或者项目机制进行跨团队协作是较为科学的合作方式，更有利于业务的长期发展。虽然几乎每家公司都有公开会议，但一场真正有效的会议，其实还是有些"讲究"的。

我们需要明白会议目的，跨团队会议的目的是期待在固化的环境里，有深入讨论问题的场合，从而有效推动跨团队协作。因此，在会议流程上，我们可以借鉴以下步骤。第一步，同步上文提到的有效、全面、深入、客观的信息。第二步，阐述个人的思考和判断。这里第一步和第二步的顺序需要注意，建议先阐述客观信息，后谈个人对信息的思考和判断。有人往往直接越过第一步，上来就谈自己的看法，这样容易让其他部门被"带节奏"，产生误判，做出错误决策。第三步，让各个部门的负责人都发表意见，因为团队的不同，风格也会不一致，有人积极，有人内敛，有人擅长表达，也会有人习惯沉默，这一步骤的目的是通过会议流程了解其他部门的真实想法。第四步，谈谈面对客户需求目前组织的困难。第五步，探讨每个人有什么建议、解决方案。第六步，形成会议决议，规划好如何分解任务以推动项目的进展。以上"会议六步法"能帮助我们大大提升会议的有效性。

其三，更关注重要不紧急的事项。销售一号位有很多信息输入，对内、对外、长期、短期等。面对大量事项的交织，很多人会借助"重要紧急四象限"来管理事项，"重要且紧急"的事项一般是大多数人的第一优先级，但一个销售一号位需要关注的却应该是"重要不紧急"的象限。

销售一号位和团队成员的分工不一样，他要为销售团队的核心能力建设，以及团队的短、中、长期结果负责。销售一号位与其团队能走多远密切相关，这也决定了比起那些重要且紧急的事，销售一号位在精力分配上应更关注重要不紧急的事，因为往往重要不紧急的事情，可逆成本非常高。

比如，品牌的建设往往是以季度为单位进行规划，产品的迭代可能是以半年、一年来进行，这都是重要不紧急的事情。如果关于一个产品的定位错了，所有的销售物料、渠道设置、店面呈现都需要重来，这也会导致前期大量的事项作废；同样地，因为着急进行了错误的产品研发，后期再进行废弃、召回，这当中成本非常高，严重的甚至将耗尽现金流。

真正决定销售一号位是否能够从优秀走向卓越，主要看他在重要不紧急的事情上有多少建树。当然，我们说的是在精力分配上，比起重要且紧急的事项，重要不紧急的事项需要分配更多的时间，这并不意味着重要且紧急的事项就不需要得到关注，比如突发的重大客户的需求，这就需要销售一号位快速反应，精准解决，协调相关人员进行支持推进。

同理，一个人的人生高度是由重要不紧急的事情决定的，而不是由重要且紧急的事情决定的。人们常说人生三件大事影响了人生质量，考大学、找工作、组家庭，这三件事都是重要不紧急，上学需要一二十年时间的沉淀，工作、婚姻、孩子教育，周期同样都长达几十年，只有对这些事项进行充分思考，才能做出正确选择，比起那些重要且紧急的事，这些更决定了一个人的幸福指数和人生高度。

有了以上前提，销售一号位应如何规划事项的优先级？结合个人的经验，以及诸多对销售一号位的访谈，我们认为销售一号位关注事项可参考以下顺序：所在公司产品和客户需求的匹配程度；自身销售团队的能力建设，包括招聘的人才的画像、培训能力的建设、薪酬绩效等；竞争相关情况，包括国家的趋势、市场的动态、对手的动作等；针对市场体系掌握相关能力。

其四，双赢思维，构建利益共同体。推动跨团队合作的"法宝"是制造构建共同体，也就是双赢思维。为什么本小节强调的是"惠"左右？很显然，所有的平行部门都不是你的下属部门，你对他们没有命令权，因此共同的目标，即双赢的局面，是大家合作的重要前提。

实际上，各部门的一号位都能够清晰地认知到公司和个人利益之间的绑定关系。因此从大的层面，销售一号位可清晰描述项目成功对双方的共同好处，帮助提高其他部门的信心，比如讲清楚项目能够给业务带来的市场占有率、财务改善指标等，以及最终能够为公司甚至行业产生什么样的价值。

小的层面，如果是重要且复杂的项目，涉及的各部门角色比较多，向公司申请单独项目奖励是一种好的方式。这种奖励可以是钱，也可以是股权、期权，这也是提高跨团队合作积极性的有效手段。反过来，销售一号位也需要沟通清楚如果项目失败会对公司、业务发展带来什么损失、危害。

其五，注重赞美的主动性和批评的艺术性。过往，常常碰到一些销售部门出现自大心态，我们也称之为"巨婴"心态。这通常表现为，销售团队认为自己是营收的主要创造者，其他部门理应围着自己转，因此在对接的过程中比较强势，甚至对对方的专业指手画脚。

跨团队部门并不向销售一号位汇报，销售一号位没有跨团队部门的直接管理权，这是现实。所以在合作的过程中，销售一号位要注意沟通技巧，摒弃强势作风，更不能有"把团队成绩变为个人成绩"的想法，而是应该对其他团队的付出、成果给予及时的肯定和赞美，比如可以在共同的领导面前通过公司群、邮件等，公开地肯定对方，赞美对方，从而为合作增加润滑剂。如果把团队结果都变成个人业绩，其他部门难免会认为"活都自己干了，成绩你都领了"，以后再合作难度就会增大。

注意批评的艺术性。有时合作部门的进度、方向、能力没有达到销售计划的预期，这时就需要理性解决，注意批评的艺术性。比如，考虑通过上级帮忙推动，或者在上级听两个部门合作汇报时，以客观数据来表达推进过程中的问题，而不是纯感性地指责别人。另外，进行一对一的交流，以喝咖啡等轻松形式，了解对方的疑点、难处，然后有的放矢，解决问题。

与左右相处之道：提需求，不提解决方案

如果一家公司的产品、服务没有解决任何人的痒点或者痛点，那么它就没有社会价值，也不会有商业意义，而一家公司在有明确社会价值的前提下，就会要扩大销售规模，提高市场占有率。

正因为销售部门不是万能的，才需要借助其他部门在某一领域的专业性来提升销售效率，比如：在产品定义阶段需要市场团队来对产品或者服务进行定位；在产品研发与销售过程中，需要产品、HR、财务、法务等各个部门在产品研发与维护、人才体系、风险控制上给到销售必要的支持等。这就是本书为什么要强调销售一号位应当具备跨团队合作的能力。

与产品合作：科学相处秘籍——产品三段论

每家公司的最终交付物都是某种产品或服务，在明确公司有社会价值的前提下，根据用户的需求，不断地去优化产品、功能与服务是一个"绕不开"且对业务发展起着关键作用的流程，这也是销售一号位需要与产品团队合作的根本原因。在与产品团队合作的过程中，如果销售一号位能主动、客观地向产品团队传递客户需求及竞争对手进展，同时产品团队又能基于以上信息完成产品调整、迭代和创新，这种正循环的合作模型就可帮助公司在竞争中处于有利地位。

但与产品团队合作的过程却非常容易进入"雷区"。比如前

文提到的传递的信息不客观，不邀请产品团队深入一线客户以及体验竞争对手产品，不了解产品团队工作的基本方法与特点等。

在雷区中最大的一个雷是"提需求又提解决方案"。很多销售认为自己常年扎根一线，最明白客户需要什么，因此在合作中容易出现对产品的解决方案"指手画脚"甚至强制要求的情况。那么，销售一号位应该怎样描述需求呢？举个例子：

- 销售 A 提需求时如此描述：我需要一台满足 12 个功能、成本不超过一万块钱的设备；
- 销售 B 将需求描述为：我需要一台满足 12 个功能、成本不超过一万块钱的设备，并且要求该设备的某部件按照 A 方案执行，另一个部件按照 B 方案执行，其中提到的 A 方案和 B 方案都是他自己设计或他自己在市场寻找的解决方案。

这里第一种需求描述显然优于第二种。第二种不但描述了需求，还规定了解决方案，这种做法既没有尊重合作部门的专业性，甚至过高估计了自己的重要性。合作部门往往都是平行的关系，两个部门并非一个领域，在别人专业的领域自己的解决方案不见得就是最优的，我们不能过于自大。

过往我们看到，产品、设计包括市场等部门与销售团队产生冲突的原因，很大比例就在于销售团队规定了对方的解决方案。

在组织里，由于各部门的分工和使命不同，这就导致团队成员特质不同，因此看待同一个事物的视角也会不同。销售团队更为组织结果负责，而产品团队更需要平衡好短、中、长期目标，尤其要平衡需求、效果、成本和可实现性方案之间的关系。以产品研发为例，产品的研发往往成本非常高，如果是硬件类产品，一个螺丝的错误，可能就导致成千上万台设备的召回，一般情况下销售理所当然地认为自己了解一线，产品部门就需要按照自己的方案执行，但实际上，产品部门需要判断你的需求是真需求还是假需求，是大需求还是小需求，同样需要对比竞品，需要结合企业自身情况，需要考虑成本、排期，最终找到最优解。

理想的合作模式是邀请产品团队一起深入一线。特别是面对一些重要客户，以及在新产品或产品重大迭代前，邀请产品团队去一线进行实探、沟通和体验，能帮助产品团队加深对客户的了解。在这个过程里，让产品团队深入一线有助于其分清真假需求并找到痛点、盲点，挖掘客户真实需求，以及洞察哪些是普适性需求，哪些是个性化需求。在这个过程中，销售团队的陪访也能让对方加深对彼此工作特点的了解，建立信任。

邀请产品团队亲身体验竞争对手的产品，也可以激发公司产品和服务的创新。如果你所在的正是一家to B公司，产品团队要购买竞品往往会面临一些门槛，此时销售团队可以邀请产品团队到合适的地方体验竞品，这不仅能够判断销售团队对竞争对手的评价是否客观，也能够客观评价竞争对手的解决方案，推动自身方案的调整与迭代。

在过往的经历中，我看到过非常优秀的跨团队合作的案例。销售一号位会在合适的场合，向产品团队提出一起深入客户进行访问的需求。这个过程中双方深入切磋与思辨，最后拿出最优的解决方案，并在后续销售过程中得到用户的正向反馈。比如目前我们所负责的智能炒菜机器人的业务的早期，销售人员会就客户反映的同一个品牌 A 店和 B 店口味不一致的问题，邀请研发团队进行介入和体验，最后帮助公司研发出了在行业中独有的"稳压"技术，保证了在全国不同电压的情况下，机器都能输出稳定的功率，保证炒制的效果。又如在前公司的酒旅业务中，针对产品获得的重大迭代和创新，销售团队会积极主动地给予产品团队赞美、肯定、褒奖，在公司年会上，销售一号位带着"兄弟们"去向产品团队致谢，场面让人动容，这都是具有正循环效应的典型案例。

当然，我们确实也看到过一些失败的案例，比如销售团队认为公司的人和资源有限，需要争抢产品资源，因此在提需求时过分夸大痛点、需求，造成恐慌，传递错误的信息；或者在提需求时极其强势，一定要产品团队按照自己的方案进行设计，导致产品团队进行了错误的开发，最终导致项目失败，甚至在项目合作失败复盘时，把错全归结于对方。

针对以上情况，我们认为诚信是人生最好的策略。如果销售团队与其他部门的合作走向了"典型三步走"——"放卫星，要资源，换项目"，那这个团队和个人在职场中的信誉都会出现严重的损失。

- **科学相处法宝——产品三段论（见表2-2）**

表2-2 老K"产品三段论"

		业务运营	产品经理
需求阶段 （真伪）	做得对的	做好选择题； 定好优先级	识别需求真伪； 学习最佳、深入一线
	死亡场景	忌多：没想清楚，什么都想要； 忌糙：运营SOP未经过精细化设计，只怪产品差； 忌假：提一些未经运营验证的点子，产品上线落不下去	全盘接收，零散需求驱动
产品阶段 （好坏）	做得对的	共识目标； 共识方案选择； 共识版本切分； 共识产品节奏	先厘清目标、选择方案； 再拆分合理版本、规划产品节奏； 三是方案设计，保障稳定、易用、可扩展； 四是抓项目管理和实现
	死亡场景	目标没共识，只催进度； 只要最优最快方案，无视客观规律； 因需求阶段没想清楚，不断推翻方案加需求	目标没共识，方案没共识，节奏没共识； 心中只有一套方案（或满足底线业务需求，或满足晋升，或满足虚荣心，累得要死，也得不到业务人员的认可）
营销阶段 （快慢）	做得对的	根据约定的覆盖场景前景设计详尽的运营规划，包括运营四要素：运营目标、覆盖范围、推广方案、运营时间计划	为MVP阶段产品的落地负责； 与业务运营前置共识扩量周期运营计划； 对阻碍运营推广的问题及时迭代

		业务运营	产品经理
营销阶段（快慢）	死亡场景	慢：产品上线了，才开始想推广的事情； 懒：没有设计好推广计划，就把产品链接丢给用户； 违约：提需求的人也嫌产品"难用"，不推了	以为上线就完事了； 上线就收回所有资源，将解决阻碍置于低优先级； 运营拖拖拉拉，产品效果长期难回收； 觉得自己倒霉，产品做了没人用

针对产品合作中的一些误区，表 2-2 抽象了一个业务周期中的每个阶段业务和产品方做得对的事项和需注意的死亡场景，供大家参考。

- **相处误区：陷入抢资源的怪圈**

有的销售会惯性地认为与其他部门为竞争关系，不去抢产品团队的时间、排期，产品部门就会被别的业务抢走，这种想法是错误的。

销售一号位要和产品部门交流，就得了解产品团队的思维。首先，产品部门也需要通过重大项目去帮助自身发展，帮助业务发展；其次，产品团队也需要对项目的科学性负责，同时科学评估项目的排期，这种情况下产品团队也不是容易被"忽悠"的，也不是那么容易被"抢"的，他们有专业的判断，我们千万不能低估任何人的业务判断能力。

抢资源往往是因为在需求描述上没有让对方理性地认同，所以只能强行去推动，让对方执行，如果理性上大家都认为需求合理，这件事根本不需要"抢"。

"抢"往往意味着没有谋略。很多人认为职场发展向上管理是晋升的快车道，为了在上级面前表现出对项目的积极性，通过"抢资源"去证明自己，这里反映出他对如何成为高级将领可能并没有正确的认知，他对战略、策略、规划思考得不清晰并且无法在团队内形成共识，只拥有感性上的"勇猛"。

有时包括 CEO 在内的上级会提出许多目标，接收目标的第一时间不应该是执行，而应该是对每个目标进行评估，并及时反馈，但有很多所谓注重向上管理的人，错在无论上级说什么，都会以最快的速度响应，明知道这是不对的，但还是会坚定地执行。如果你的项目每次都需要"抢"，需要组织对你进行资源倾斜，次数多了，又怎么保证在最关键的时候获得组织的资源。

作为职业经理人，不能要求自己在每次资源争夺中都获胜，一家公司也不可能将某个人的每一个项目都设为最高优先级，如果是，只能说明公司要么人才机制有问题，要么项目机制有失误。再者，一个人长期"抢"资源，也会让同僚有很大压力，觉得此人难以合作。

"抢资源"与向上管理的初衷可能是背道而驰的，每家公司的资源都是有限的，如果每次资源都给同一个人，就无法平衡公司内部其他人的需求，上级因此也会有很大压力。另外，放在整个大局下，如果你的项目不是第一优先级，越抢资源对个人的发展只会越适得其反。在一些优秀的上级面前，下属并不需要通过

"抢资源"来证明自己的积极性。销售一号位需要做出专业、客观的判断，给上级有价值、建设性的意见。一个管理者如果完全跟随上级，说明其对职业发展的理解不够。

任何的合作都是为了赢，所谓正循环，就是通过跨团队的合作，使一个业务有关的部门，比如产品、研发、销售、市场等都得到锻炼，都出现晋升，他们相互成就。与之相反，有些业务天天在争抢资源，最后的结局大概率是几个团队都得不到好的发展，造成项目和业务的崩盘。

与 HR 合作：协同搭建"选、育、用、励、汰"体系

在"惠左右"小节，我们提到人才是第一资源，人才是组织中最不可或缺的因素。要服务业务的发展，就需要做好每个业务阶段的人才供需。我们将整个人才供需的体系抽象为五个环节——选、育、用、励、汰。

有句话叫："成功者各有各的不同，失败者往往是累死的。"对销售一号位来说，根据业务特点和发展阶段找到胜任力模型非常考验一个人的功力。胜任力模型可以大大提升团队选、育、用、励、汰的效率。选出标杆能有效解决人才体系中的主要矛盾，我们只有选得好，才能管得少，才能给公司创造更大的价值。

选、育、用、励、汰是一个系统工程。假如某销售负责人负责的是一家连锁酒店集团入驻某公司平台的业务，首先销售负责人要清楚此集团在一年的开店速度，比如说当下此集团有 100 家

店，服务好这 100 家店需要 3 个销售人员，那么 200 家店就要选 6 个人。了解集团开店情况的变化，才能确认合适的招聘人数和节奏，而不是预计到年底此集团可能要开 1200 家店，在年初就招满 40 个人，造成人员和资金的浪费。同时还要考虑在一个阶段结束后，有一部分人因不能胜任被淘汰，接下来人才应如何衔接，如何去设计下阶段大概的招聘人数，这都是招聘节奏中需要着重考量的。

在选、育、用、励、汰上容易进入的误区是在"汰"环节缺乏科学的机制。透明的淘汰制度可以减少矛盾，因为立法在先、执法在后，根据透明的制度或者评价体系，被淘汰的人自己也能预判该走了，可帮助减少组织和个人之间的利益冲突或矛盾冲突。

定义非胜任力模型

定义"胜任力模型"和"非胜任力模型"是人才体系建设中比较重要的一环。通过回顾销售团队中分别胜任和不胜任的情况，梳理出他们共同的特点，通过专业度、能力特长、勤奋度等指标加以区别并标准化，就可增强选人、育人、用人、励人的精准性。举个例子，我曾经供职的一家公司对高级管理干部提出了三个要求：聪明好学、有韧性和自驱力。为什么会梳理出这三个特点？是因为我们发现凡是在这三项得分都比较低的人，后续在对公司的适应上都会遇到很大的困难。因此，我们针对聪明好学、韧性和正确的自驱力开展了科学测评，在测评时得分特别低的就不太适合被聘为公司的高级干部。

一般情况下，不同岗位、不同级别的非胜任力模型不同，非胜任力模型有四个维度：

- 基础岗要求基本功，比如销售的基础是勤奋，如果基层员工态度不积极，执行需要靠上级催促，他就不胜任基层工作；

- 基础岗往上一级就要求有一定专业度，如果工作多年仍未能形成对行业的基本认知，这也是不胜任的表现；

- 级别再往上就要求能够把事情、现象进行抽象，并且落地果敢，如果总结能力、提炼能力较差自然就是不胜任的表现；

- 再往上的销售一号位，就要求有格局，能看得广，看得远。如果一个部门负责人比较重视私欲，看问题短视，把个人利益置于公司利益之上，这样的人往往也容易带来风险。

整个人才供需体系需要由销售一号位和 HR 团队一起根据不同的业务类型、业务阶段持续更新，并且在招聘或提拔干部时关注、使用胜任力和非胜任力模型，以提高人才适配度。在现实中，有些人员刚入职时可能是胜任的，但如果涉及晋升，就需要看他新一阶段的胜任力是否达标。如果不能，就说明现阶段他还不满足下一个阶段的要求。评估胜任力和非胜任力模型可以参考以下六个方式。

第一，看工作态度。可以看看过去相关表现的数据，比如BD（商务拓展）考评电销、拜访的数量等。

第二，看学习能力。有一个侧面可以体现学习能力，比如过去一年看了多少相关书，撰写了多少书评。书评是一个很好的角度，书评的质量可展现出一个人的体会能力。当然除了书本学习，还有项目在"事"上的学习力。

第三，深入讨论。如果在招聘的场景，求职者认为自己有韧性，就可以与他探讨他有什么印象特别深刻的关于韧性的事，有人可能会很随意地展开，此时可追问，比如回顾几个令他特别难过的关键点。一般来说，只要真正亲身经历过，他的感受、过程中的思考等都会很翔实，也是侧面印证韧性的一种方式。

第四，进行压力测试。通过提问来进行测试是压力测试的一种，比如测试逻辑性和客观思辨能力，可以询问求职者认为其过去任职的公司成功或者失败的底层逻辑是什么。以此观察他的总结抽象能力，并在这个过程中向他抛出不一致却有翔实依据的观点，观察他会如何应对别人的挑战，看他是否会坚持科学客观的思辨，还是会为了维护自身的正确性而"抬杠"。

第五，也可借助比较好的工具进行测试。MBTI[①]是许多企业

① MBTI 指迈尔斯-布里格斯类型指标，是由美国作家伊莎贝尔·布里格斯·迈尔斯和她的母亲凯瑟琳·库克·布里格斯共同制定的一种人格类型理论模型。该模型根据四个维度将人的性格划分为 16 种。——编者注

会用的一种职业人格评估工具，它的评估结果——内倾还是外倾，细节还是宏观，抽象还是具象，行动力还是思考力等——也是一种认识人的辅助手段。根据不同岗位可以选择不同的 MBTI 人格匹配需要。比如创始人是 INTP（逻辑学家型人格），那么 INTJ（建筑师型人格）的下属就能够很好地进行辅助，在底层逻辑上能与创始人达成深度的共识，并且能执行计划并拿到结果，既能与创始人深度交流，又能协助创始人处理其不擅长的事情，提高团队效率。当然，有一点需要说明的是，MBTI 评估不是一个决定项，只是一个参考项。

第六，在一些较为大型的公司，也会通过答辩的形式来帮助选拔人才。例如选拔高管，答辩的评委一般由公司最高领导团队来担任，答辩设置"原上级推荐"和"自我陈述"环节。候选人在自我陈述中阐述自己对下一个岗位能力、心理和理念的准备情况。而在上级推荐环节，销售一号位乃至所有管理者都要重视自己在答辩上的提名权和否定权。如果一个领导推荐的人才在全集团晋升通过率最高，时间长了这个领导就会成为一个很好的背书，其下属会因为获得他的背书而自信，同样集团也会认为，此人的下属需要重视，这就形成了信任正向循环。

不滥用晋升、激励提名权

举贤不避亲，大义也灭亲。在人才选拔上，销售一号位需要有更超脱的格局，哪怕你与他私人关系不好，但是他能力很强，照样会推荐，有的即便跟随你多年，但成长很慢，照样不能推选。

反过来，有些管理者因为缺乏理论培训和指导，不懂正确有效地使用自己手中的权力，也不知道自己的岗位使命是什么，只是做"滥好人"，滥用晋升、激励的提名权，对人才的晋升和淘汰做不到从业务的角度出发，这样对个人和组织都会造成较大伤害。

管理者既是自然人，又是组织的干部，但是在公司里他最重要的身份是后者而非前者，管理者首先应该履行好自己的职责和义务，做好晋升、激励环节提名权的把关，这是公司聘用管理者的基本目的。

举个例子，我此前所在的一个公司设置了一个卓越管理者的奖项，这也是公司对管理者的最高奖项，每年会在年会上宣布获奖人，而我是流程中最终的评委。这个奖项在 5000 人的人才体系中，每年都会评定一次，但在前三年我认为按照我们给"卓越管理者"设定的维度和指标，没有人能够达到标准。当时 HR 问我，没有人符合这个奖项，年会上我们就略过这个奖项吗？我的回答是"恰恰相反，我们应该在每年公布奖项时宣布此奖空缺"。直到三年后，某位特别优秀的管理者当选此称号，宣布时现场一阵轰动，获奖的管理者甚至感动得落泪，因为此前连年的"空缺"更显得目前的获奖尤为珍贵，后来越来越多的管理者在朝获得这个奖项的标准努力提高自己。这正是珍视此奖项的"提名权"带来正循环的案例。

在"励"上，销售一号位不管是提名晋升的发起权，还是口头表扬，都得做到事实清晰，有依据，这不仅是对自身信誉的保证，更是一个高级管理者和低级管理者的本质区别。

为了留住标杆最关键的无疑是薪酬绩效。薪酬绩效影响着一家公司的离职率，也影响着员工的积极性，越核心的干部越要注重对其进行长期的激励。

当然，除了提供能满足行业同等岗位有竞争力的薪资条件等物质奖励外，还应该注重精神方面的奖励，比如对内的级别、对外的头衔、奖项的颁发等。

我们过去经常看到一个现象，就是在"名"上说得不清楚。提拔一个干部，这个干部就是风向标，需要让大家理解为什么，但是组织并没有讲清楚原因，没有让大家理解这个风向标为什么这样设定，最后导致员工觉得选拔任用干部的机制不科学、不透明，从而对组织产生不信任。

跟淘汰机制一样，在好的标准和机制下，晋升干部和激励干部都不用特意宣示，按照机制和评价标准，所有人都知道他要晋升了。这就是为什么好的机制能够激发人的善意，而不好的机制则会激发人的恶的一面。

除了物质激励也不要忽略精神激励

物质激励分为现金和期权两类（见图 2-7）。级别越高的干部可以用越多的期权激励，期权有助于长期锁定管理者和公司之间的利益，比如有的公司最高的管理梯队成员现金和期权的比例大概是1:9；领导梯队越往下可以设置为越少期权、越多现金，而商务拓展人员就以现金为主。

对于物质激励，应该合理配置现金和期权的比例，采用调整固浮比的形式，充分地调动大家对结果的关注，避免大家"躺"在固定工资上一劳永逸。我观察到很多销售管理者不重视激励的方法和手段，有些全是物质激励，有些特别注重精神激励，但实际上二者达到平衡效果最佳。

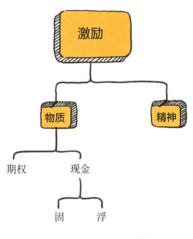

图2-7　人才激励机制

纯物质激励，公司付出成本高，且激励效果不一定好；纯精神激励，只是喊口号、谈梦想，更不合适，时间一长，员工依旧会流失；还有一种是不重视期权的运用，缺少股权激励计划。期权有时候也象征着一种荣誉，如果你是一家上市公司，偶尔剑走偏锋，适当地给予基层员工期权激励也会取得不一样的效果。比如，之前我所在公司 L6 职级以下是没有设置期权配比的，当时我们特意拿出一部分期权给普通商务拓展，每个月大约有 5% 的人可拿到期权，虽然只有 500 ~ 1000 股。当时有一个令人印象特别深刻的商务拓展，那个城市的销售团队只有她一个人，而她一个人贡献了该城市市场份额的 92%，并且忠诚度很高，连续工作 5 年，从未抱怨困难，所以给她分配了期权。在年会现场，她热泪盈眶，十分感动，后续工作也更加积极，这也激励了很多普通的商务拓展向她看齐。

绩效的管理方式：OKR 和 KPI

另外可以借助 OKR 和 KPI 来合理管理薪酬绩效，前文中我们提到 OKR 经常被用在产研团队或销售中台，而 KPI 经常被用在销售团队。这二者没有先进和落后之分，都是针对目标管理的科学工具，关键在于如何把它用在合适的地方。过去有一些公司对 OKR 过于崇拜并对 KPI 进行否定，但我认为这两种工具没有好坏之分，只有合适不合适。

作为销售团队，特别是基层和中层销售团队最常用的目标管理工具，KPI 发挥指挥棒作用，用来连接组织目标、个人行为和个人浮动收入，最后用浮动工资来完成组织目标和个人行为的统一，这是 KPI 的精髓。

对个人而言，KPI 可帮助自己厘清自己要做什么，不做什么，哪个重要，哪个次要，做得好、坏能拿到钱的多、少。对公司和管理者来说，KPI 可以用于指挥销售的方向、过程、结果等；KPI 的好处是具有灵活性，可根据月份、季度、年份，随着组织目标的调整进行调整，KPI 既包含了销售中的过程管理，销售结果达成，也包括价值观考核和团队协作，销售一号位可按照一定频率和 HR 团队进行检查，并且最终将结果体现在浮动工资上。

在以上人才供需和激励的整个过程中，HR 有很强的参与必要性，区别于销售一号位的视角，HR 既要考虑到公司的整体财务成本，又要管理好团队的人力成本；同时，HR 团队也可以在薪酬绩效上和销售一号位配合，比如说 KPI 设定后如果调整幅度比较大，由 HR 来负责宣导，让销售一号位和销售依旧站在同一战线，便于销售团队之后的管理。

与市场合作：根据阶段选择合适的市场职能

不同国家、行业和公司对市场的定义有些差异，市场是一个比较宽泛的概念。在中国，市场大概包含三大职能：品牌、流量和公共关系（见图 2-8），有些公司会把这三个职能拆开分到三个团队，有些可能是统一一个一号位负责。其中流量采购往往与销售业绩有最直接关联，品牌和公共关系则是放大器，具有更长效的特征。我们可以根据自己业务的特点和阶段在这三者中做出选择，选出适合业务阶段的方式或者组合。

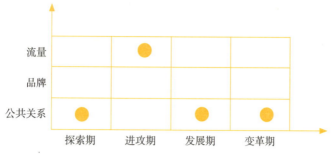

图 2-8　不同业务阶段市场形式的侧重点

当然在选择过程中也要看团队的实现能力，即团队在哪方面能力更强。比如，一家公司公共关系能力更强，品牌和流量能力较弱，就应该根据公司的现状，先选择将能力强的发挥到极致。

根据业务阶段选择合适的推广方式

在不同的阶段或是通过不同的渠道，付出的成本都是不一样的。目前流量和品牌价格都很高，公共关系方面则相对有价格洼地，相比之下，流量拼的是价格，只要资金雄厚，大家就处在同样的竞争维度；品牌则包含品牌的定位和投放，既有创意性，也有渠道的竞争性。公共关系相对较难，比如说想让媒体帮忙背书，就必须有非常好的思维表现形式，以及要相对熟悉媒体的特征。

对创业公司来说，公共关系可能是比买流量、做投放更具性价比的存在。以特斯拉为例，马斯克最开始也是选择了公共关系，从来不做品牌广告，只是把公司创始人或公司形象塑造得更有传播性，同时制造公关事件引爆话题，这比广告更合适，更容易带来知名度与美誉度。有时候广告不一定能带来知名度，而流量则不能带来美誉度。

流量的购买也需要讲究策略。PC（个人计算机）时代以某团购公司为例，洞察业务特征和阶段后，该公司创始人选择在某导航网站上购买团购的点击位并进行投放，当时此种方式价格相对优惠，而同期其他竞争对手都选择在较贵的公交车、地铁投放广告，但这却并没有让用户记住他的名字。最后的结果是，竞争对手做广告提高了团购品类的知名度，但用户上网购买团购产品时，刚好被在做某导航网站投放的该公司截和，从而实现了业务的引爆，达到了"四两拨千斤"的效果。

上面提到的这家公司的思路也是先发展公共关系，然后做流量采买，最后发展品牌，进而在某领域取得第一。反观其他在国际上的竞争对手，比如说爱彼迎和缤客，它们也选择了两条不同的道路：缤客流量采买的能力特别强，它收购了一家以色列算法公司，大幅提升了流量的 ROI（投资回报率）；爱彼迎创始人则是对美有很强的感知，他们通过品牌占据了高地，品牌的价值在于带来主动流量和搜索转化率的大幅提升。

不同的业务特点适合的市场动作不一样，这就要求销售一号位和市场一号位在业务阶段、销售目标方面进行对齐，最后得到结果。

探索期，目标主要是找到 PMF（产品和市场的最佳契合点）。

一般情况不会有太多的市场介入，这时市场的主要工作是客户调研、产品包装设计、基础建设等。在这个阶段，市场团队可以深入市场对客户进行访谈，了解客户的需求，并且将公司产品给客户进行试用，并根据客户的反馈提出更适合业务发展的意见，供业务一号位和销售一号位进行探讨。此阶段的核心目标是发现、验证 PMF——产品到底能不能满足用户的需求，各层客户的画像如何等。

进攻期，有两点很重要：品牌的造势和流量的采买。由于不同的公司优势不同，比如有些（to C）公司的产品就需要在探索期完成客户分层，找到比较集中的渠道，在写字楼、交通枢纽、社区或医院等场景中的某个触点上，找到目标人群集中的地方，进行合适渠道的投放；同样也需要根据不同特征来选择合适的发声渠道，比如是选择行业媒体、科技媒体还是大众媒体，以及如何放大声量。这些都是销售一号位、业务一号位及市场一号位需要做的前置工作。在卖点的提炼上，to C 的产品可能会在多、快、好、省里面选择一两个核心卖点来体现；to B 的产品，则可通过帮助企业开源节流或提升安全、合规性来进行宣传。有了统一的思考后，市场行为的效率将大大提升。

发展期，意味着业务已稳定，产生了比较好的现金流，甚至已开始盈利。此时就需要不断地强化品牌的领先性，并从强调品牌差异性转向强调品牌领先性，同时可以适当进行一些社会责任、人文情怀的宣传。这也意味着在流量的采买和溢价方面有了一定的话语权，已经可以判断哪些流量渠道更高效，并且拥有比较强的议价能力，这时候就需要在流量投放上进行更多精准的设计。通过数据的反馈、算法的优化来使流量投放 ROI 更合理；公共关系部门则需要注意，因为业务已具备了比较高的市场占有率和行业地位，此时不应该过多地强调行业地位，而是要凸显社会价值。

变革期，容易出现一些不利情况，比如业务发展速度下滑，收入下降，内部组织出现调整。这时候销售一号位和市场一号位就要紧密地协同，要能够未雨绸缪，预先针对一些负面情况进行防范，主动进行一些策略调整，避免内、外部出现负面声音。

销售一号位与市场团队合作过程中有三个层次需要注意：一是如何正确地理解市场；二是如何在市场的三大职能中选择适合自己的武器；三是和上级达成共识，假如你想合作的是公共关系层面，但公司比较擅长品牌，两方意见不一致，就难以获得支持。

我曾经也有这样的困惑。在负责某公司业务的第四到第五年时，我发现所带业务的实力远远大于品牌实力，业务数据增长很快，规模很大，利润也不错，甚至获得过全球第一，但是心智指数依旧很低，更多人还是只知道行业的其他品牌，只将我当时带领的业务作为工具，没有品牌认知，这是我当时比较大的遗憾。

与市场相处的几大误区

为销售一号位找到能够配合的市场人才相当重要，因不同阶段对应的人才和能力模型不同，因此找到合适的人才并非易事。此时可能出现两种情况。一种是非常幸运找到了能和销售一号位一起成长的市场一号位，他的能力开始可能不是很全面，但是可以随着对业务的深入理解而提升；还有一种情况是他的能力不是那么全面，但是他能够非常深入地和销售一号位进行目标对齐，善用不同力量进行补齐，比如找更合适的下属、外部供应商来一起完成工作。

从市场一号位的角度来看，容易进入的误区是市场一号位本身并不具备强大的能力，又没有决心通过其他手段来补充，造成对业务的发展支持不到位，怕就怕市场一号位不愿意示弱，不愿意基于业务阶段的变化去构建新的能力，这就潜藏着比较大的风险，甚至要考虑更换市场一号位。

因此，有时市场的专业能力有多强并不是第一胜任力模型。在某一方面能力特别强，同时又能够对齐目标，且根据业务阶段变化及时构建新的能力，才是市场一号位模型。公司的发展不是只依靠市场就能完成，市场一号位需要认清自己的目标是为业务部门"搭台子"。

我观察到，很多失败的合作都是因为存在以下问题。

- 自己不知道自己想要什么，比如不明白自身所处的阶段，在初创期招聘了成熟企业的市场负责人，双方因为理念不同出现分歧。

- 市场一号位不具备公司所需要的特质，无法与公司目标达成一致。思考清楚这两点，是后续与市场开展合作的前提条件。比如有些市场一号位没有做过从0到1的事情，他擅长进攻期和发展期的业务需要，在面试的过程中，他上来就问有多少预算，不关心平台怎么定位，应该选择什么策略，这就是业务阶段和对方能力不匹配，即便他入职也容易与公司分道扬镳。

- 双方目标没有对齐，市场一号位并不是独善其身，也不是纯粹为了完成市场工作而工作，最后还是要服务于业务发展。因此，基于本质的目的，根据公司特点和发展阶段去和销售一号位商讨目标是非常重要的工作。比如现在是品牌定位、品牌传播，还是品牌巩固阶段；在品牌传播阶段，我们又该如何选择媒体，是通过昂贵的渠道进行传播还是通过特殊的渠道等。

当然，与左右部门相处的过程中，由于每个部门视角不同，有时看法会相左，甚至可能产生激烈碰撞。如果此时只站在单个部门的立场来考量，显然是不全面，甚至狭隘的。我们需要把自己的固有思维"悬挂"一下，看看其他部门提出这种角度的原因。比如，销售团队的特点是偏好较快地拿到结果，雷厉风行，但是有些时候缺乏对全局的思考，缺乏对产品的研发流程和成本的认识，造成二者之间的冲突。因此，销售一号位需要了解不同部门和销售团队在思维方式上的差异性，这样才能站在更高维度全面看待问题。

在此过程中，销售一号位应当发挥自身学习力和韧性，去补充在人才体系、产品研发、商业经营分析、品牌市场等方面的知识，从而获得驾驭多模块的整合能力，让上下左右同心齐欲，让自己最终成为一个优秀的商业管理者。

第四章　排兵布阵

通过对人、事、器三者"排兵布阵",形成高效的战斗力,是销售一号位实现目标的一个关键过程。

比如前文提到某公司酒店业务战略的第一年,销售的核心指标是实现 30 万家酒店的签约上线,在时间紧、任务重的情况下,就会要求销售一号位能根据目标清晰地拆解任务,抓住"主线",比如测算每天需要签约多少家酒店,需要什么样的销售管理系统、什么样的组织才能快速实现目标。

人:让今天的最高水平成为明天的平均水平

成功等于战略乘以组织能力(见图 2-9)。在第一部分我们已经阐述了如何制定战略,而在这个小节,我们要解决如何构建销售组织能力的问题。这也是在晋升至销售一号位过程中,许多人会面临的一个问题。我们可以将它拆分为三个限制条件。

成功 = 战略 × 组织能力

图 2-9　企业成功模型

第一，愿不愿意。愿不愿意对"人"的思想进行统一。这个思想包括团队整体价值观、组织目标等。比如当下的业务形态和销售策略的统一：当下的目标是收入还是利润，获得市场占有率是强调速度还是强调质量，是要以服务好商家为目的，还是以打败竞争对手为目的。以上层面需要在团队中让大家在认知上做到意愿统一。

第二，能不能。能不能构建有效的组织保障。比如：有没有树立组织标杆，每个商务拓展的销售流程和竞争对手相比是否足够有优势，有没有可执行的 SOP 能够帮助大家学习先进理念，掌握先进的生产力。

第三，允不允许。允不允许在组织营造出立战功、多回报的组织文化。比如：是否建设了有效的激励和淘汰制度，有没有打造能上庸下的组织文化；是否采用了扁平式管理，减少组织层级冗余；整体上有没有达到良币驱逐劣币，而不是劣币驱逐良币的效果。

销售组织有很多种划分方法，其中根据作战类型可以分为直销和渠道两种。根据商户的密度、商户的价值、商户的特点，直销可划分为电销、大客户销售和面销等几种方式。如果某公司很多业务是以服务于中小商户起步的，常规采取的方式是电销或地面销售，这种情况下就要根据商户的密度来进行区分，比如在北京、上海等一线城市，商户密度足够高，因此采取面销的方式显然更高效，但是像四、五线城市或者在一些县城，可能要采取电销的方式才能够达到效率和效果的平衡。

但是在发展期或进攻期的末期，通常会需要吸引一些头部商户，可能是国内知名的连锁集团或者是国际知名的连锁集团。针对这样的头部品牌商户，我们就需要单独设计一个新的销售组织，可能是大客户销售。到了后期，为了进一步提升效率，需要在商户密度比较低的地方、一些比较偏远的地区，采取代理的模式，因为代理商可能会帮我们拿到合适的回报，同时投入成本相对较低。销售团队的存在价值是服务好客户。我们采取的销售组织形式，与商户的密度、商户的特点、商户的价值息息相关。业务蓬勃发展的一个特点就是商户分层，当商户开始分层的时候，我们的销售团队、销售组织也要根据情况进行相应调整。

在组织架构上，一个适合公司销售策略的组织架构，能够大幅提升人效。比如前文我们提到，某公司的酒店业务组织原本按照区域来划分，但基于战略节奏的规划，该公司后来把所有的组织都调整成了按照酒店类型来划分，因为按照类型来划分是服务组织一种较好的方式。根据公司业务，精简组织架构也是一种提效的手段。比如，我刚去某公司时，公司的组织架构分为总部、大区、区域和城市四级，基于对业务现状和效率的分析，我做出了砍掉一层的决定，只保留了城市、大区、总部的三级架构，结果证明这种组织架构效率更高。后来公司其他业务也模仿了这一行为，逐渐砍掉了一些冗余架构。

对于一个合格的中高级管理者来讲，我们需要有能力评估在什么样的阶段、什么样的战场上，如何灵活使用、构建销售组织，从而既能够服务好商家，又能够合理地控制销售团队的规模与成本，达到效果和效率的均衡。

用"见贤思齐"做好标杆管理

有了销售组织后，如何快速地提升组织能力呢？答案是"见贤思齐"，也就是把标杆的能力复制到团队身上，从而实现整个组织的能力跃迁。

"见贤思齐"这个出自《论语》的成语，是对标杆运用的最早注解。什么是标杆管理？简而言之就是"向最佳学习"，对组织、企业、个人来说，向最佳学习是最靠谱的成功方法。在日常生活和学习中，我们对标杆的运用并不少见，比如在学校要学习经典课程、阅读人物传记，这都是向标杆学习的表现。向标杆学习在日常中的运用如此平常，本书为什么要拿出来重点阐述？因为不同阶段对标杆的理解、选择及复制的方法、做法不同，最后效果迥然，特别是在人生的选择和在企业的经营上。

有一个令许多人心生疑惑的现象：为什么有人在学生时期是学霸，但进入社会后并没有取得显著成绩？大学的同班同学，为什么有的在 10 年、20 年后成了企业家、科学家，有的却默默无闻，有的甚至锒铛入狱？一个重要原因是，学生时期的竞争是封闭赛道的竞争，大家面对的课程、书籍、考题都是一样的，学霸只要在这个封闭赛道做到最优即可。但进入社会后，人们开始面临选择，不仅有职业、行业的选择，还有公司、城市的选择，这些都将当时站在同一起点的人引向之后的不同境遇。还有在选择后的努力，虽然人们常说选择大于努力，但是如果没有掌握"选择"和"努力"的方法论，就只能误打误撞，使得自己长期在低水平甚至在错误的方向上重复努力，效果自然不佳。行业怎么选择、选择后怎么努力，对此，我们都需要向这个时代的"最佳"学习，并结合自身的情况进行采纳、吸收，只有这样才可能取得事半功倍的效果，这就是我们说的标杆管理。

标杆管理主要分为在组织内和组织外寻找标杆进行学习。

以组织内为例，销售一号位可以选择销售前台和中台的优秀案例，把标杆的能力特点和人才画像提炼出来，把他们的表现、行为或特点进行分解，抽象成核心点，并准确系统地描述出来。比如一个人之所以成为标杆是因为勤奋，还是因为方法到位，或者有其他因素，这需要我们一一进行提炼。

把标杆的能力抽象出来的目的是方便组织按图索骥，并在招人时少犯错误，在培养人时有方法可以遵循，从而让今天的最高水平成为明天的平均水平，然后明天再寻找一个新的最高水平，如此循环，整个组织的水平就会不断提高。

组织外的标杆学习也很重要。承认先进、学习先进、超越先进永远是一条务实的发展路径。我们需要训练从全世界寻找"最佳"的意识，并且细化学习"最佳"的能力。比如我在某公司负责酒店业务的时候，我从世界领先的缤客集团身上学习了先进的基于 PACE（价格、库存、内容、服务）的高度凝练的业务管理方法，并对比参照了缤客的人效等指标，在短短几年时间就取得了年间夜量超过 5 亿的业绩，少走了很多弯路。后续在 PACE 的基础上，结合中国国情，将方法迭代成为 PACEN（N 指客户新签），帮助我们实现了在人均间夜量上是缤客集团两倍的业绩。这就是一个典型的从学习"最佳"到超越"最佳"的过程。

组织内如何科学地树立标杆？

第一，需要正确选择标杆。他的哪些表现可以成为团队的标杆构成：是态度还是能力？是寻找客户线索，还是提升客户转化率，抑或是提升客户成功率？是善于开拓新客，还是善于开展老客复购？是招聘人准确，还是培养人到位？是服务中小客户厉害，还是拿下关键客户厉害？是专攻订单量优秀，还是专攻收入卓越？这些都需要细分拆解，只有标准足够明确，同时标杆都能达到，才既能让其他人心悦诚服地认可这个先进，又能真正帮助其他人更方便地学习、准确地应用标杆的方法，最后实现整个组织绩效的提升。

第二，要给予优秀标杆足够的物质和精神激励。激发优秀标杆的主观能动性，使他愿意敞开心扉向大家分享，为大家制定

SOP。事实上，总结、分享的工作会消耗大量本职工作之外的精力，所以销售一号位要给予优秀标杆足够的机制和物质保障，避免优秀标杆内心抵触分享和建立 SOP 的事情，最终达不到帮助组织整体能力提升的效果。

第三，对于标杆的建立也要有组织保障。公司内需要有一个类似"标杆管理组"的部门专项负责"寻找标杆、抽象标杆、推广标杆、表彰标杆"，这个部门扮演着制片人、导演的角色，恰恰不是演员，核心工作是"搭台子"，让优秀标杆来"唱戏"，有时候这个部门是 HR 部门，有时候也可以是销售中台。这里尤其要注意的是，标杆管理组的同事务必不要越俎代庖，登台唱戏，这样容易造成"优秀标杆很反感、学员不爱学"的双输局面。

第四，优秀标杆的案例培训、技能使用要形成闭环。如果标杆管理组为了体现工作价值，弄了很多良莠不齐的标杆案例就会造成资源的浪费。因此，从源头就要管住，标杆管理组的标杆选择务必是精品，数量无须太多，但得能够有益于大家的日常工作，真正帮助大家提升业绩。每个标杆案例要尽量具体，不要贪多，一个标杆解决一个重要问题即可，案例的文字介绍内容也不能密密麻麻，控制在一页纸或者三页 PPT 之内进行演示，争取让大家"一眼看得懂，一次记得住"。学习标杆后，还需要关注后续的使用效果，要和学员的上级进行沟通，看看学习了这个标杆是不是真正解决了工作中的问题，是不是能够做到"三个月后还在用"。如果没有达到这种效果，就需要不断修正和调整。

事：抓住主要矛盾，建立 SOP 提升效率

前文提到销售一号位既要兼顾销售中台的能力建设，又要密切关心销售前台的结果；既要处理对上、对下、对左右的关系，也需要关注外部的竞争，所以销售一号位事务繁忙是必然的。

那销售一号位要如何从千头万绪中抽丝剥茧？抓住主要矛盾，建立 SOP 流程会是一个很好的处理"事"的方法。在我们的走访中，某 SaaS（软件即服务）公司优秀的销售一号位谢先生曾经向我们讲述了一个案例。

我们是为学校场景提供 SaaS 产品的一家公司，通过对一线的调研，我发现学校一般没有信息化的专业岗位人员。这种情况让企业去用一些飞书、钉钉等协同办公软件都很困难，更不要说让学校的老师在教学场景或者交互场景中把我们的 SaaS 产品用起来，所以我们公司的产品在学校的使用情况并不太好。

针对这个问题我们进行了进一步拆解。通过走访调研，我们发现使用情况不好不是因为公司产品不够好或者不好用，而是老师没时间学，或者说有老师愿意学却没有学会，所以根本原因是公司的服务能力在学校需求面前是不足的。这个根本原因是我们识别出来的主要矛盾。

对此，我们把整个销售团队第一年的策略定为着力夯实团队服务能力。围绕这个主要矛盾，我们又进一步拆解影响和制约客户续费增购的关键要素。我们观察到有些销售人员服务得很好，老师对他很满意、评价很高，于是我们把他立为标杆，并且又通过让组织的成员跟着标杆去做"掐表"记录，看他日常是怎么服务学校的。而后我们总结出来一些方法，比如"入校7步法"，其中包括怎么向学校相关人员约入校，进校时穿什么衣服，要提前几分钟到达，进学校以后怎么做开场白，离开的时候老师给你倒的水要带走，这个过程中销售还要去记录客户的一些需求，并且争取在45分钟之内完成等。我们把标杆的整个服务流程固化下来，建立了SOP，并要求所有的销售都按照这个SOP执行。后来整体销售服务能力得到大幅度提升，这个主要矛盾也就迎刃而解了。

总结这个过程就是，在首次建立SOP时销售一号位甚至要亲自梳理服务流程使之标准化，把一个项目捋清捋顺，此后推动全员去学习、培训、践行。同时也要帮助销售人员去解决销售思想意识和行动层面的问题，配合检核制度和考核制度，通过一个更先进的、更标准化的业务流程去提升整体的战斗水平。

一个销售一号位往往在行业内浸淫了十几年，在不断锤炼下都会掌握一些不同事物的最佳"解法"，比如如何找到正确的目标客户，如何制定销售策略等。但很多人忽略了对事务流程的抽象与提炼，没有形成固定的SOP，忽略了去帮助团队提升整体效率。

针对不同的客户，销售一号位需要制定与之相适应的标杆流程，让商务拓展人员均按照团队最佳的流程进行拜访，可以提升整体的满意度和效率。完成竞标签约后，还需要关注后续运营流程，比如规划团队人员的选、育、用、励、汰，做好销售离职或转岗时的交接流程，做好客户价格折扣管理、促销费用管理等。

图2-10是我们以为B端企业提供某智能硬件业务为例，列举、总结的一个客户签约运营的七步法，是一个业务SOP粗颗粒度的框架，供大家参考。

在"事"上，如果销售一号位能够学习先进，在工作中摸索、提炼、形成固定的SOP，让团队按照已验证过行之有效的方法进行，就能大大提升整体的销售效率。这是用一种开放的态度，不断尝试找到最优解并不断固化的过程。

当然，所有的SOP都不是一成不变的，它应当随着业务发展阶段、竞争态势和组织程度的变化，不断被优化。

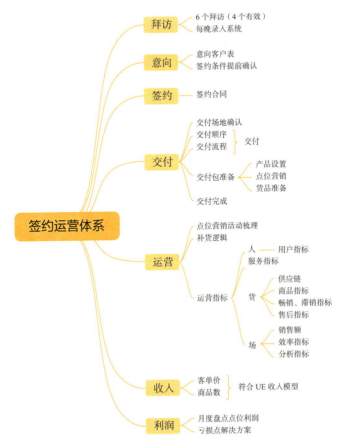

图 2-10　某智能硬件业务客户签约运营的七步法

器：摒弃人海战术，科学打造工具

　　一家公司如果没有好的"器"支撑，就不得不在"人"和

"事"上花许多时间，不得不采用相对低效率的"人海战术"。

销售犹如行军打仗。如果没有情报系统将失去双耳，没有通信系统将失去传声筒，没有作战指挥系统将局面混乱。能否为业务中长期发展建设有效的工具，我们认为是区分销售一号位和销售负责人的关键。现实是不少销售负责人会更关注制度的建设和短期目标的完成，而忽视"器"的打造，但从中长期来看，"器"才是能够从根本上解决长期问题的法宝。

从美国大片儿中我们可以获得启示，随着信息技术的不断提升，单兵的作战能力能提升到过去的 20 倍以上。大片儿中的战士拥有通信系统、作战指挥系统、火器系统、作战评估系统，比如他和总部进行沟通，获得了一个指令——到某个区域针对某个情况完成某项任务。之后通过雷达、卫星的监控，他可以提前获知任务的人数、难度、距离等相关情况，从而能选择合适的攻击武器，在合适的地点、合适的时间向对方发起攻击。最后他还可以获得任务完成的评估报告，形成以单兵为载体的闭环作战指挥场面。

未来，科学的销售也需要像这种"超级战士"一般进化，需要提前规划作战系统，既能让一线商务拓展在手机端清晰地看到所有商户的流量、转化率、新客、收入、客诉、促销和收益情况，又能给管理者、最高管理者提供作战报表系统，这样才能做到有效的系统化、信息化支撑。同时还要引进 COS（营销一体化）、CRM（客户关系管理）系统，帮助销售找到有效客户，对客户进行管理等。

深入一线，学习最佳

那么我们又该如何展开产品的工作？产品工作主要侧重点是了解客户，比如把商务拓展的一天抽象化，统计他们一天工作的耗时占比，把耗时长但价值小的事情排除，把重复度高、比较标准化的事用自动的方式去做，帮助商务拓展尽量节省时间。

深入一线很容易掉入陷阱，比如给产品提需求的人，可能并不是真正的业务一线人员。在这个环节，识别需求的真伪很重要，找到真正的一线，清晰地理解我们的客户，把工作梳理清楚，选择让产品能够发挥更大价值的事。举个例子，很多商务拓展反馈每周写周报要花两个小时，于是我就给产品经理下了需求，让产品部门帮助商务拓展把写周报的时间压缩到10分钟。从我的视角看，商务拓展写周报为什么要花两个小时，应该把这个时间省下来做其他更为重要的事。当时我们的产品经理非常优秀，她通过深入一线调研，在各个销售的大区进行访谈，发现商务拓展的管理者对周报的要求是非标准的，每个大区管理者想要的周报都不一样。这位产品经理就向我和业务运营负责人反馈：在使用产品周报这件事上暂时没有办法抽象出一个标准化且适用所有人的产品，但是可以采取另外一种方法，即把商务拓展周报需要呈现的数据场景解决掉，在获取、分析数据上不再需要浪费商务拓展过多时间，剩下非标准的写作场景交给商务拓展自己发挥。最终我同意了这个方案，这个方案实施后也赢得了各方的满意。

因此，对销售一号位来说，在工具选择上要注重帮助产品团队深入一线，并对事情做好优先级排序，找到能用产品撬动最大价值的那件事。另外做产品同样要学习最佳，学习最佳的精髓有四个层面，除了要看那个最佳做了什么，更要了解他做错了什么，做对过什么，以及他没做什么。深入调研不能仅仅停留在纸面，有机会的话更需要通过与竞争对手沟通了解内情。如果真的能够学到精髓，可以少走很多弯路。

"工具"建设的常见类型

工具分为信息工具和效率工具。信息工具主要用于获取竞争者信息，将信息加工成业务策略，指导商务拓展行动。效率工具对大规模的销售团队来讲，起到的作用比较有限，因为业务扩展而不断扩张员工规模的路径不可能一直持续下去。信息工具起加速器的作用，能够让工作成倍快速地开展，效率工具则可帮助业务实现精细化的运营。

第一，单兵作战系统。在过往的职业生涯中，我们打造过较为强大的单兵作战系统，当每一个商务拓展打开手机时，他都能够查询到客户列表、签约状态、收入价格、流量与转化率、竞品排名、拜访后的难点等，甚至还有下次拜访时间，针对难点的建议或解决方案，客户感受，销售数据变化，等等，这个单兵数据系统拥有非常清晰的数据看板。这样一个系统带来的直接好处是，商务拓展"拿到目标结果"不再依赖于个人能力，而是通过客观的数据去诊断问题，且提出专业有效的建议，进而从本质上解决问题。

有一句俗语叫"拳怕少壮，棍怕老郎"，当武器不够先进时，我们需要去选体格健壮的单兵，最好每个人都是特种兵；但如果武器先进，每个士兵都拥有"冲锋枪"，那么即便不是特种兵也具备很大的杀伤力。销售团队也是如此。

第二，中层管理数据看板。除了单兵作战系统，建设中层管理数据看板能够帮助管理者更加有效地掌握作战情况，从而帮助商务拓展制定更有效的作战动作。通过这个系统，中层管理者能够了解组织内各个区域的排名情况，掌握商户、商务拓展、各大区销售情况，摸清不同下属孰优孰劣，做好奖励和资源的分配。同时也有助于让销售展开良性竞争，科学竞争，做到利益分配有理有据。一些销售管理者经常很困惑，全国那么多销售，怎么能知道每个销售每天在干什么，工作效率如何？有了这个系统，每个销售每天的行为都会被记录——打了多少客户电话，拜访了多少客户，有没有产生有效的拜访效果，对后续数据有没有价值——销售管理者都能清晰掌握，从而为销售规划有效行动路径。

第三，作战指挥系统。作战指挥系统是"总指挥室"，借此系统，销售一号位能够掌握整个业务的供给和需求情况，以制定更有效的销售策略。比如销售一号位能够通过系统掌握流量、老客复购率、平均单价、毛利、收入与利润、同环比竞争情况等，从而判断哪些商圈或地区落后于整个组织，哪些地区需要加大投入，哪些地方不需要调整，等等。这个系统能够帮助销售一号位向外看、向内看、向下看、向上看，并能够通过数据的抽象掌握大机会点与问题点。

工具对商户的重要性不言而喻，我们要给客户构建了解使用情况的看板。比如目前我所带领企业旗下的智能炒菜机器人"美膳狮"，商户可以通过它很清晰地看到过去一天哪些菜品好卖，哪些菜备料不够，用了多少原材料，能源消耗情况如何，等等，这能够帮助商户实现精准采购，科学经营。

工具建设的优先级

要建设整套系统，整体投入比较大，确实只有较有实力的企业才能够完整做到并呈现，那么相对较小的公司应该怎么办？我们可以分重要性和优先级来分步建设：首先，用相对较少的投入去解决最重要或者能取得最大销售进展的问题；其次，从市场上寻找有效的低成本解决方案并引进，例如飞书办公系统等。

用一种较为"粗暴"的方法来划分，我们认为500人以上的销售团队才需要进行"器"的自主研发，建设适合自身的系统，而太小的团队即便投入也不能产生经济效益。市场规模扩大有不同的特征，销售一号位可慢慢摸索业务规律，逐渐让销售管理更加高效。

那么，对成立不久的创业公司而言，是不是就不需要打造

"器"了？其实不然。

越是创业公司越要注重打造"器"，并且有科学的节奏。如果业务找到了 PMF 模型，且是业务的高并发时期，是快速的进攻期，就要加速建设工具，没有"器"保障整体流程，容易出现管理混乱，导致投入远远小于收入。假设有这样两种情形，一种为快速招 1000 人服务进攻期却没有"器"的管理，另外一种为以投入 10 个人的产研为基础打造工具去帮这 1000 人提升效率，显然后者对"器"的投入更为正确。

但反过来，当业务进展相对缓慢时，"器"的建设就不需要那么急迫了，避免业务未经验证却在工具上过早投入造成资源浪费，初期我们可以借助 Excel 表格进行管理来满足需求。总体而言，不同的业务阶段，不同的角色，使用的产品也并不一致，优先级也会有所不同，如图 2-11 所示。

探索期的主要目标是印证 PMF，产品的核心是帮助业务获得线索，提高转化，着重在业务。此时，大多数处于探索期的企业资源有限，因此产品的 P0 优先级大多数可围绕商务拓展的作战系统来进行，帮助销售们获得销售线索，提高转化，获得业绩。在此阶段，销售经理 / 客户经理和销售一号位、业务一号位角色使用的工具，暂时可以选择报表形式。

进攻期业务快速扩张，可能会出现大规模的竞争，对销售一号位及其上级管理者而言，他们需要了解主要战场的情况，不断调整策略，提高经营效率。因此，为销售一号位、业务一号位及

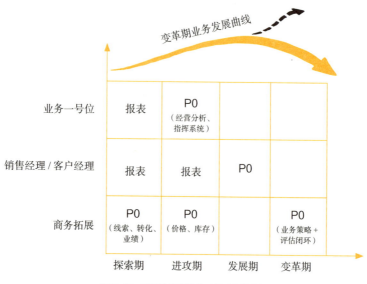

図2-11 不同业务阶段的工具建设优先级

其上级管理者提供包含经营分析、指挥系统等的工具，也可以被列为开发的优先级。甚至可以设置个人计算机和手机版本帮助他们用碎片化的时间去了解工作的动态，从而抓住业务进攻的黄金期。此时一线商务拓展的作战工具可以新增更多功能，比如价格、库存管理等。

发展期，业务进入精细化管理和提效阶段，要求花更少的精力去获取原来一样的市场优势，此时可以将帮助中层管理者打通用产品部门协助自己管理列为优先级。

变革期，寻找二次增长曲线成为主线，如果找到增量业务，整个业务趋势会向上走，但是原有业务会往向下走。那么此时为商务拓展提供业务策略和评估闭环会是一个好的选择，把头部商务拓展的经验放在系统中，把单点的信息加工成测评供商务拓展参考，从而帮助业务评估并获得增量市场。

探索期的工具一般偏线索转化；进攻期则为作战指挥；发展期是在作战管理中偏向销售管理类型的工具；变革期则侧重把工具业务策略集成在系统里，让业务策略实现自动化。

有了一整套信息化建设后，就能够从本质上解决许多问题，这也就是我们说的科技是第一生产力。正是因为我们保证了人的自驱、组织的精简、武器的先进，在酒旅业务才只用了 2000 人就最终实现 20 万家酒店的入驻，而对手用了超 10000 人。

3

销售一号位的成长路径

承认先进、学习先进、超越先进是一个务实的发展路径。

——老 K

《领导梯队》一书阐述了个人从个人贡献者、管理他人、管理管理者到管理职能的经典成长路线。放在销售领域，这其实也是一个普通销售成长为销售一号位的路线。

在个人贡献者、管理他人、管理管理者到管理职能四个层次中，如果从个人贡献者到管理者（管理他人）的难度指数是 1.0，那么从管理者到管理部门（管理管理者）的难度指数则为 2.0，而最大的跳跃是从管理部门到管理业务（管理职能，即销售一号位），难度指数为 3.0。

如果你足够幸运，用一定的年限完成了这四步，就能从销售小白跨越成长为销售一号位。虽然这说起来很轻松，但有的人却要花费超 10 年的时间。

第五章　工作理念

在跨越以上四个领导梯队的过程中，面临的问题既有差异又有共性，其中最大的共性问题就是工作理念的转变。

如果公司的业务没那么大，中间没有太多层级，一般有几个优秀的销售就能满足业务的发展。随后，随着业务的发展招聘的销售越来越多，CEO 没法直接管理，就会让渡一部分权力，让中间层管理者来管，那么此时理念就相当重要，上升为管理者不意味着就可以对下属颐指气使。相反，所有的管理者都是服务者，只是服务对象不再是一线客户，而是为公司内部基层商务拓展人员服务。这是成为管理者后应该具备的基本理念，也是最基本的管理伦理。

也就是说，在组织中，高层实际是为中层更好地工作服务，中层则是为基层更好地工作服务，所有指向的都是最小业务单元，也就是整个组织都要服务于基层人员的销售行为与动作，最终达到促进业务的目的。

从个人贡献者到管理他人，到管理管理者，再到销售一号位，无论在哪个阶段，关注以下三个方面都是一个共性原则：其一，如何看待这个岗位，即在此阶段的工作理念是什么；其二，时间应该如何分配；其三，如何在前两者的基础上训练符合当下阶段的工作技能。

"从帮助他人中感受快乐"是能否成为管理者的原始条件

个人贡献者

假设刚毕业时你是一个销售，对新公司、新岗位充满了好奇，但又难免迷茫，不知道未来方向到底是什么，这时候就需要快速了解此岗位的胜任力模型是什么。了解客户是谁，客户的需求，明白如何找到这个客户渠道，怎么和客户沟通，如何签约签单，签约签单后如何继续提供良好的服务，这就是此岗位的胜任力模型。

而经过一段时间的摸索，你知道了如何把时间花在有效的行动上，明白了岗位的具体实操，这就是工作理念。工作理念指的就是如何正确看待工作岗位所需要且你暂时还不具备的技能。

一旦有了工作理念，接下来的重点就是培养自己，锻炼自己，获得技能。有些技能不是你天生就拥有的，比如客户分层、掌握客户签约技巧，这些技能不是你一毕业就会的。你可以向前辈学习，向公司寻求帮助，掌握通过什么渠道能够接触客户，并通过一系列训练，最后才能够胜任此岗位。

我们抽象此阶段的增益方法为：其一，通过书本学习、前辈带领、公司培训等方式了解你所处领域所需要的能力。其二，选择一个你喜欢、擅长且公司需要的领域进行尝试、突破和历练。其三，总结你在此过程中做得好的与失败的地方，在下一次行动前吸取经验教训，在过程中通过记录的方式不断迭代认知。这个过程就好比打网球，刚开始你还不是熟手，只是懂得怎么发球，偶尔能发出一个好球，但通过不断地训练，用正确的方法形成肌肉记忆，之后就能掌握打网球的技能。

通过以上这一关后，恭喜你，你大概率也已经成了"顶级销售"（top sales）。那么，成为顶级销售是否意味着可以进入管理他人的阶段了？结果可能会让你有些失望，通过对过往数据的分析，我们发现70%的顶级销售在转型管理他人时都是失败的，成功率仅为30%，这里面究竟存在什么问题？

管理他人

想成为管理他人的人，开始并不是要回答需要如何在管理上做得更好，而是需要测试一个"原始"的动机，这个动机就是你能否从帮助他人成长中得到成就感，如果不能，那么在一开始就要思考职业生涯是否要从个人贡献者转向管理者，因为这个动机不以个人努力为转移。

有些销售会把升任管理者作为满足荣誉感的手段，认为不当领导就不能体现"江湖地位"。实际并非如此，在十几年的销售管理生涯里我们发现，如果一个员工享受独自一人拿下结果的快感，且不能从帮助他中上获得成就感，这种特质就决定了他适合做长期的个人贡献者，这种现象在过去比比皆是。但是如果管理团队和个人都不能清醒地认识到这一点，就容易出现双输局面：团队失去一个好的顶级销售，多了一个不胜任的销售管理者。

很多时候我的建议是，不能要求每个人都能管理他人，而应该是把专业通道和管理通道都打开，通过设立公司的 P（执行层）线和 M（管理层）线两个晋升体系帮助不同类型的人才成长。如果不适合做管理者，就需要从 P 线出发，往专业性上发展，为他们提供从接触小客户到更大客户的销售专业通道，而不是让他们成为管理者。甚至有些大公司的大客户销售直接影响了公司战略，比如那些私人飞机公司，整个公司的销售就两三个人，一个人可以跟一个客户签下数亿甚至十几亿元的合同，他们都拥有独立的战斗能力，这时候根本不需要管理他人。因此，我们需要去思考为公司匹配何种管理手段和员工的发展通道。

以我个人为例，毕业几年后，我成为一个顶级销售。随着工作经验不断丰富，我会接触到一些新人，他们会把我当成前辈，并向我请教问题。刚开始我也觉得浪费时间，不大愿意回复。但是在帮助一两个新人后，我逐渐发现在这个过程中不仅他们成长了，我自己也得到了成长，而且这种帮带的方式确实能够创造更大的业务价值，帮助双方的业绩提升。这时候我开始体会到那种成就感和幸福感。

从管理自己到管理他人的转变，这种原始动机尤其重要，否则，作为管理者就会非常痛苦，因为去帮助那些看起来不如自己的人确实要花很多时间。另外，让一些销售不愿跨越成为管理者的拦路虎之一是可能会出现薪资下降的情况。在大多数公司，因为有比较好的激励体系，有好的绩效和提成，顶级销售往往收入并不低，但是变成销售管理者后，他们的收入就变成相对固定的工资。这在行业中不少见，一旦准备成为管理者，就需要衡量是否能忍受短期的收入减少。

从个人贡献者到管理者还会有很多"反人性"的鸿沟要去跨越：一是负责整个组织的凝聚力跟活力，负责组织积极氛围的建设；二是帮助员工整体能力持续升级，让员工拥有更多的技能，会用更多的工具；三是不断简化和创新机制。在管理他人的阶段，很多管理者擅长短期管理，但不擅长长期管理。尤其是个人贡献者，此前擅长在每个阶段拿到结果，但这时候需要的就是转身，补充新的能力，不让过往的长处变成阻碍。比如，开始一个管理者管理三五个人，是纯关系型管理者，团队可以像"家"一样，采用好兄弟、好战友的文化；当要管理100人时，就不可能跟100个人都成为好兄弟、好战友，这时候不能再做一个纯关系型管理者，需要更多的管理方法、管理工具和管理技巧。如果这时候还采用关系型管理，反而会起反作用。因为一个人精力有限，最多只能和20个人搞好关系，剩下的人没有关系可能就消极了，这样不利于组织和团队。这是一个人的前一阶段的优势在后一个阶段变为劣势的体现。

因此，向顶级销售预警"成为管理者"后的困难，相当重要。在做销售时，唯一客户就是客户，你只需要把时间、精力花在客户身上，就可以比较快速地计算一些回报；但是成为管理者后，你的客户变成商务拓展人员，你需要去管理他人，帮助别人成长，这种由对外转向对内工作性质的变化，需要提前进行难点预设。另外就是预警是否愿意将未来的时间都花在可能资质、天分、努力程度都不如你的人身上，去帮助他们成长。除了预警，还要测评。比如让需要成为管理者的人尝试提前带领一两个人，这不是正式管理他人的岗位，但可以有管理他人的视角，去评估自己能不能从帮助他人的过程中得到成就感。这里有一点需要强调，这种感觉不能是欺骗，不然后续只会令自己内心更痛苦。

总而言之，个人贡献者要想成为管理者，需要历经四个阶段。第一，要有基本的专业能力，成为专业能力上的标杆与佼佼者。第二，需要验证自身能否从帮助他人成长中得到成就感，这是最关键的一步。第三，需要评判自己能否接受收入的变化。第四，需要衡量能否适应工作视角从外部变成内部。

如果你通过以上四点的测试，恭喜你！你已能管理他人了。你的工作重心可能就由拿下销售订单变成团队人才的选、育、用、励、汰，而这些能力都是过去一个商务拓展所不具备的。通过学习、培训，你大概率也能够掌握这种技能。

这里面最怕的是想当然地认为，一个优秀的顶级销售不需要刻意学习，就能成为好的管理者。一旦有这种错误的认知，大概率要失败，我们要认识到每次销售岗位、职能的变化都是非线性的，有时候它是急转弯，这个阶段一定需要补充很多新的能力，比如通过让商务拓展成长帮自己拿到结果，需要懂得人才的选、育、用、励、汰，需要懂得什么样的兵放在什么样的岗位上。这个过程中甚至很多原来擅长的技能在新的岗位上也不再适用。

很多顶级销售成为管理者后，有比较强的炫耀欲望，喜欢在下属面前展现自己搞定客户的能力，此订单下属搞不定，他亲自出马一次就搞定了。这么做实际上一两次没有关系，但如果管理层频繁地如此操作，下属就没有发挥空间，同时也会让下属产生错误的认知——能力不行没关系，订单拿不下领导会帮忙解决，时间长了下属很难成长。

"我说你听，我做你看；你说我听，你做我看"，这是带领下属的正确做法。管理者要引导下属观察能不能拿下同一个客户其中的区别是什么，从而找到原因对症下药，帮助销售成长，也实现自我成长。

管理管理者

跨越了管理他人，下一阶段是管理管理者。管理自我的核心是通过管理自我拿结果，管理他人的核心是通过管理他人来拿结果，而管理管理者的核心是通过管理管理者来拿结果。到了这一阶段，我们先要了解自己的核心价值，这个核心价值是要能够找到能管理他人的管理者，同时能抽象出销售经理的胜任力模型。

此时你已晋升为销售团队的高级干部，对销售团队的策略有建议权，你可以与上级也就是销售一号位沟通市场情况、客户画像、定价模式、薪资模型、销售系统是否合理等，并提出自己的看法，且开始有意培养适合管理他人者，你需要观察基层中有哪些人未来可成长为销售管理者，做到"管一层、看两层"。

另外，你需要具备一定的排兵布阵能力，能够针对不同战场、不同客户分层，选择适合的销售经理，同时也能懂得根据不同战场特质挑选适合的销售经理，比如竞争领先型、竞争胶着型或竞争落后型分别要用什么类型的销售经理，哪些人善守，哪些人又善攻，他们分别应该被放在什么位置。

更要注重对组织里相对重要不紧急的事情予以充分考虑。层级越往下实际处理的越是那些重要且紧急的事，越往上就越需要思考并处理一些重要不紧急的问题，比如组织的薪酬制度、竞争情况、客户需求、产品情况、数据情况等，并针对性地提出建议。

销售一号位

　　成为销售一号位，转变工作理念恰恰是非常挑战人性，也非常痛苦的，销售一号位的工作理念就是能否给业务带来竞争力。现实中大多数人不知道怎么转变理念，一般情况是我们需要完成某个任务，此任务对某些能力会有需求。如果不具备这种能力，人就容易感到痛苦，又因为没有正确的理念，一个劲地按照自己的想法，越试图去冲破这种痛苦，结果越痛苦。

　　比如某个人很胖，他很痛苦，因为他觉得自己应该是苗条的、漂亮的，但实际上很胖，所以认为自己很丑。这种理想和现实之间的差距造成了痛苦，于是他产生用衣服遮掩或少见人的想法，但是无论如何身材都会显露出来。如果他抱着胖等于丑的这个理念，大概率会一直痛苦。

　　这时候我们可以问自己四个问题：很胖就是丑，是真的吗？如果我认为很胖是丑的，我会有什么样的行为？再反过来问自己，我认为很胖不丑，这是真的吗？如果认为很胖不丑，我又会产生什么样的行为？以上问题都有可能获得正向和负向的答案，答案有可能都是真实的，但关键在于能往不同方向去思考，检验现有的理念是不是错的，是不是唯一的。只有用这种不同的视角，才能帮自己从困境中解脱出来。

　　上面的理念源于生活，因此我们可以说理念没有好坏之分，但是销售一号位的使命是"服务客户需求，助力业务发展"，从商业战争的角度衡量工作理念，维度就非常单一了——能带来外部竞争力的理念就是好理念，反之就是比较差或者就是坏的理念。

如果一个销售一号位对商业战争的理念是正确的，对业务的核心假设更贴近真实，在业务上就一定会呈现出更富有竞争力的结果，理念能够衡量销售一号位水平的高低。如果你经常思考：这个理念适合吗？我们的理念与竞争对手相比是否更加贴近现实场景？并且答案是肯定的，长此以往你一定会获得效率的提升。

工作理念会真正影响一个人的行为。比如今年公司的某产品卖10元，获客成本是5元，公司从获客成本考量，要求今年销售管理者获得同样的销售量，但是降低获客成本。如果只是销售负责人，负责执行，他有可能会"猛着干"，想尽办法降低成本，比如裁员、缩投放。但销售一号位可能是这么思考的：这个命令和KPI背后的核心意图是什么？公司其实是想要增加利润，只是公司的想法是降成本才能带来利润。假设我换一个做法，有能力把产品涨价到15元，把获客成本定为7元，同时获得相同的销售量，甚至提高销售量。通过这种调整，最终实现销售收入和利润的双增，实现规模和效率的兼得。此时公司会对销售一号位进行何种评判，答案很明显。

不同销售领导梯队工作技能侧重点不同

在个人贡献者、管理他人、管理管理者到销售一号位的四个阶段中，每个阶段都有需要修炼不同的技能（如图3-1所示）。

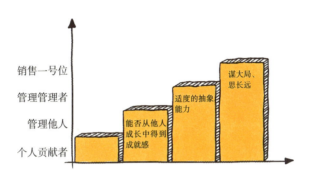

图 3-1　销售梯队不同阶段的核心能力升级

个人贡献者

个人贡献者需要修炼的技能就是成为顶级销售，这里需要获得的工作技能就是如何了解客户，懂得客户的需求，清楚客户渠道，能够签约客户，掌握更多的"销售术"，并取得业绩。

管理他人

管理他人者需要修炼的工作技能是能抽象自身业务所面临的客户，抽象客户适合的销售类型与方式，要让团队的成员满足这部分客户的需求。举个例子，如果面对的大多数是小客户，需要采用电话销售的形式，那么招聘商务拓展的画像可以是非常勤快、普通话要好、语言能力要强，同时因为电话销售的拒绝率比较高，商务拓展需要有比较强的抗压能力，这就是基于客户特点匹配销售画像，也就是描述白名单的电话销售是什么样，黑名单上的是什么样？然后选定管理方式，比如是否需要详细倾听商务拓展的电话录音，去发现大家在销售上出现的共性问题，最后解决它。

例如，如果销售每天的电话拨打数量的中位数为50，而某个销售每天的电话量只有20，这不是销售能力的问题，其实是态度的问题；另外如果发现某个销售很容易获得很多新客户，但是从新客户到确定意向这个环节，成交率转化率很低，那么就需要针对此类型的这一段过程进行重点辅导，这是管理他人的适度抽象能力。

管理管理者

成为管理管理者需要修炼以下三个工作技能。

第一，抽象管理者的特征，明白什么样的人适合做管理者。描述管理者的画像，显然那些特别以自我为中心，不能从其他人成长中得到成就感，不愿意在他人成长上付出时间和精力，特别强调个人短期利益的人，并不适合做管理者。

第二，明白什么样的团队适合什么样的管理者。比如团队整体的态度不积极，就需要委派作风相对强势，能把销售节奏带起来的管理者；如果团队的态度非常积极但专业能力不够，就要选定一个在专业上比较好的管理者；还有一种情况是团队业绩很好，但是作风不正，经常会出现商业利益输送等事件，这就要指定一个作风正的领导负责把团队的价值观树立好。

第三，管理者刚被提拔上来时往往是不胜任的，此时管理管理者需要指导对方，给他建议，甚至帮助他规划发展路径。比如有些"武将"在一段时间更适合一线打仗拿结果。如果你观察到他的总结能力比较强，就可以考虑调他到总部做"参谋"，去做销售运营、销售培训等，帮助他规划更长期的发展路径。我刚成为销售经理时，我的领导就曾向我表示："我发现你比较喜欢钻研销售知识，沉淀销售理论，也对销售系统的方法论很感兴趣，未来你应该去总部做销售运营，这样对你的长期发展有帮助。"他给了我一些中长期的职业规划建议，显然这就是一位很好的管理者。

销售一号位则是一个承上启下的角色，统筹了整个职能的方方面面。从个人贡献者到管理管理者成功率只有70%，而从管理管理者到销售一号位的成功率更低，只有20%。这主要是因为过去行业中、组织中都没有人可以告诉销售一号位他必须具备哪些胜任力模型，导致一些人无法获得相应的工作技能。

比如大区经理，我们可以抽象出18个能力，如果某人在某些方面有缺失，没关系，他可以一个个去补充。从管理他人到管理管理者只要你业绩、能力、人品都还不错，同时待的时间足够长，总是能晋升到总监级别，相应地，工作技能的获得也并不是无章可循。

销售一号位

然而，升迁到销售一号位的概率非常小，这导致销售一号位在市场上比较稀少，所以很多管理管理者也无法了解销售一号位到底应该需要什么样的胜任力模型。借助本书的理论，我们可以知道销售一号位将会面临什么样的组织使命，同时需要补充哪些技能才能够达到岗位需求，获得胜任力模型。

有了胜任力模型后更需要在岗位上不断训练，真正掌握这些技能，并且非常熟练地应用，包括能够清晰地了解业务战略，制定销售策略，同时在销售制度、组织架构、激励和系统建设方面去思考如何更好地服务业务的中长期发展，同时又能够处理好对上、对下等关系。另外，过去普通的销售管理者并不用为成本负责，只要为收入负责，但成为销售一号位之后，就开始要为整个销售团队的成本负责，比如用什么样的人成本是更为合理且高效的，这些都意味着所需能力的范围扩大了。

如果公司规模较大，有千人以上，就应该有组织销售委员会。这个委员会应该承担起制定不同职级、不同胜任力模型的标准，通过访谈与交流去抽象适合职级公司商务拓展、销售经理的工作技能，并帮助他们成长。

表 3-1、3-2、3-3、3-4 是我们根据不同的销售类型，针对不同的职级制定的胜任力模型及其需要掌握的工作技能。销售人员可以进行一一对标，评估自身的优势与缺失。当然，能力的获得更多也靠"练"，在晋升时，一般公司需要组织相应的学习班

表 3-1 大客户通道专业职级标准参考

新职级	角色定位	能力跃迁项	能力要求				
			专业知识与技能			通用能力	
			行业认知	客户管理	谈判能力	数据分析	项目管理
L10	1. 主要承担所在责任业务的发展规划和中程规划，积极消除制约业务发展的核心问题和打造最佳实践； 2. 能够解决复杂的跨职能问题； 3. 有人才培养的意识，主动关注后备人才的识别和发展，并采取相应行动	1. 解决核心问题的能力； 2. 解决跨职能的复杂问题的能力； 3. 人才梯队建设的能力	能够被誉为所在行业领域的专家，能利用所知推动行业变革	制定客户的长期销售策略和客户持续发展	引导客户制定长期战略，描绘合作远景，达成长期合作	能读懂内部和客户的财务及运营管理报表，对业务的商业模式有独立的思考和判断	具备全局性思维，掌握项目组合管理能力，管理客户的创新业务合作，跨业务多项至跨行业复杂多个项目组合（项目组合管理能力）
L7	1. 独立承担一定难度的项目工作，对具体难问题能独立判断，提出有效的解决方案，遇到较复杂情形，善于利用资源解决； 2. 能够辅导1~2个初级员工，并帮助他们改进工作效率、提升能力发展；	1. 具备利用资源解决一定难度问题的能力； 2. 初级导师的能力	了解行业标杆客户解决方案及其所属行业或地区的竞争对策略，进而做自有业务的迭代	能识别客户主要需求并主动提出优化新方案	判断客户主要业务部门的需求，制订相应谈判计划		掌握项目管理能力的基本方法论并具有推动问题解决的能力，能够独立完成与客户的标准合作项目（基本项目管理能力）
L5	1. 在主管或高职级人员的指导下，高效高质完成指定的工作； 2. 解决常规及局部问题		了解行业的专业术语	能收集客户信息并协助他人满足客户需求	说清产品功能	能够理解业务常用报表中各指标背后的含义逻辑	

表 3-2 渠道通道专业职级标准参考

新职级	角色定位	专业知识与技能	通用能力	关键跃迁项
L7	岗位骨干，独立并全面推动合作商各种工作落地，能及时发现合作商的业务及管理问题并提供短期业绩结果	1. 熟知业务关键要素并对行业有一定认知，熟练使用各种分析工具，有较好的数据分析能力，能通过对业务关键因素的分析及目标拆解，完成业务诊断并做出业务改善方案； 2. 熟练运用合作商管理政策，能根据市场情况和辖区现状对合作商结构进行优化，能结合业务发展目标规划健康合理的结构并持续推动业务结果达成； 3. 具备全方面识别和诊断合作商经营难题和组织能力的问题，能对合作商业务运营、团队管理、盈亏状况等提出改进方案，并联动各方面资源推动赋能方案有效落地	1. 客户导向：通过对客户需求的深入分析，能够准确识别关键需求，解决客户关系管理与维护中的深层问题或痛点，通过改善工作流程、方法，以提升产品或服务质量，有效提升客户满意度； 2. 沟通影响：能准确无误，逻辑清晰、简练地表达自己的观点，并准确地领悟对方观点，通过跨团队沟通协作，达成共同目标； 3. 学习能力：不断总结过去有价值的部分，改善工作的实践路径，从中汲取有价值的经验和知识，能与团队成员分享学习成果，帮助他人了解相关学习方式和学习机会； 4. 解决问题：能独立处理和解决专业问题，通过跨团队有效评估不同解决方案及协调所需的资料和资源	在指导下能完成复杂的、作战地图的工作部署，可独立落地执行工作战计划
L5	基础执行，在上级指导下能完成对合作商下能完成管理工作基础管理工作	1. 了解业务经营模式，能够完成业务关键指标的收集和整理，并做简单总结，推动合作执行； 2. 了解总部的合作商管理流程和政策，盘点及推出，并识别合作的优劣； 3. 对合作商的团队管理和盈亏状况有基础认知，在指导下能够完成对合作商业务运营层面的问题识别和解决方案的落地	1. 客户导向：能与客户建立比较正常的工作、业务关系，了解客户需求，意见并给予及时反馈； 2. 沟通影响：掌握基本沟通技巧，能够清楚表达工作内容和个人观点，同时能够利用常用办公软件、邮件、报告等进行日常工作汇报和交流； 3. 学习能力：有学习欲望，能够在明确需求下进行学习，并掌握自身岗位所需要的知识、技能、工具和信息； 4. 解决问题：能够将有关问题准确地反馈给上级，在上级的指导下完成问题的处理和解决	/

表 3-3　销运/销支通道专业职级标准参考

新职级	角色定位	专业知识与技能			通用能力		
		业务知识	销售策略规划	销售知识与技能	项目管理	问题解决	沟通影响
L10	1. 主要承担所负责业务的发展策略和中程规划，积极消除制约业务发展的核心问题，制订最佳实践； 2. 能够解决复杂的职能问题； 3. 有人才培养的意识，主动关注后辈人才的发展，并具备相应行动	1. 关注前沿科技； 2. 了解所在业务行业发展趋势，对所在业务有启发或借鉴意义	1. 是公司内部公认的销运营多个子序列的专家，熟悉销售运营多个子序列的专业技能，能为跨领域的销售运营提供专业指导； 2. 具备有效调动跨业务/职能的能力，以及复杂组织协同的能力，充分发挥组织达成战略目标的作用，对所在业务方法论； 3. 能够沉淀有于业务的销售策略和销售制度并采取相应方法论		1. 能够组织和领导战略性复杂项目； 2. 能组织解决几个项目与企业运营之间的重要问题； 3. 在项目中能整合内外部重要资源，实现项目目标	1. 解决组织的战略方向相关的重要问题； 2. 为以前"不可解决"的问题创造新的解决方案； 3. 创建全新的方法论来解决问题	1. 善于将复杂问题以他人能理解的方式表达出来； 2. 预先评估沟通对象个人的具体行为，通过有效沟通导向达成目标； 3. 通过与团队有效沟通的经验和方法，提升团队的协调能力
L7	1. 独立承担一定难度的项目工作，对具体的项目工作有独到的理解，提出有效的解决方案，遇到比较复杂情形，善于利用资源解决问题； 2. 能够辅导 1~2 个初级员工，进行随时辅导，并驱动改进工作效率，提升相应能力	1. 熟悉销售规则和制度，以及所在业务的产品知识； 2. 对所在业务的商业模式有一定了解	1. 熟练业务自身团队定位和团队负责人职责，支持销售负责人制定相配的销售策略，运用合适的销售激励手段鼓舞销售团队士气，辅助他达成或实现项目目标； 2. 持续跟踪销售策略的效果，能够发现和分析复杂问题，适时调整销售策略； 3. 销售策略领域有可复制的销售知识沉淀		1. 组织实施小型项目，合理进行任务分解并进度安排； 2. 能够按照项目计划总体计划临控及时作出，修正项目目标； 3. 在项目进行中能及时发现问题解决的重要程度，并合理解决一般难度的问题	1. 独立处理和解决大中型问题； 2. 能有效收集信息和数据资料以解决自己正在工作中遇到的问题； 3. 能汲取过往在实验有效评估和不同工作所需要的资源	1. 准确无误、简练地把握他人叙述要点； 2. 多数情况下都能地倾听和理解对方，能熟练应用 PPT、邮件、报表等形式进行书面论据，有逻辑地展示论点，格式清晰规范； 3. 能够举行小型会议（5 人以内）
L5	1. 在主管或高职级人员的指导下，高效高质地完成指定工作的执行者； 2. 具备帮助销售团队解决常见及局部问题	1. 了解销售的基本工作流程，以及常用的销售工具和系统；	作为一个服务执行者，知道所在的销售团队的目标和销售策略，并明确知道自己所在工作的销售团队目标及决策之间的关系		/	/	/

表3-4 大客户经理通道专业职级标准参考

新职级	角色定位 / 关键能力跃迁节点	能力要求			
		专业知识与技能		谈判能力	通用能力
		行业认知	客户管理		数据分析
L6	1. 能够充分分析商家需求，进行差异化的精准匹配，提供差异化的服务； 2. 能够精准定位客户同题，有效开展服务，解决商户痛点，高效管理客户，攻坚克难； 3. 能够持续成长，站在商户视角促进合作共赢	了解所需行业的发展历史，对行业的发展趋势有相应的思考，差异化确定客户同题，在资源整合上具备一定的经验	1. 能够识别客户内部组织核心决策结构，并做好针对性对性的客户管理及维护行动； 2. 能识别目标客户需求并提供相应的服务方式； 3. 能够有效地对自己的客户进行分层、分类管理，根据不同阶段客户的特点提供差异化的服务； 4. 站在客户的角度，通过月度、季度、年度的提案计划，助力商家锚定长期发展共赢，实现双赢	1. 能够结合客户需求、整合产品功能，给客户提供有效的解决方案； 2. 能够平衡对不同的客户利益，推动合作达成和方案执行； 3. 规模、熟练使用不同的客户背景，灵活使用该判断方法、灵活使用各种销售工具	1. 能够读懂内部及外部市场和竞争对手、客户侧的各类运营财务数据，对客户及市场机会有独立的思考和判断； 2. 能够运用互联网或软件工具对数据进行分析、帮助竞争对手对客户账户并提供有价值的解决方案和建议，持续帮助客户提升经营收益； 3. 能够对商家的经营过程数据和结果指标进行精准分析，并能对其中的异常数据进行剖析诊断，给出优化方案
L5	1. 提供差异化服务； 2. 独立闭环工作； 3. 高效管理客户 1. 能够快速为商家提供标准化的服务； 2. 在主管的指导下高质量完成指定工作，将商户需求与产品价值进行有效结合，达成合作； 3. 基本的产品实利和服务保障能力	1. 整合行业资源； 2. 独立思考行业发展趋势 了解行业的发展现状，对相关产品知识、竞争对手有初步认识，行业术语及标杆案例等基础认知	1. 识别客户核心决策结构； 2. 分层、分类管理客户； 3. 指定客户长期发展计划 1. 能及时准确地为客户提供标准化的服务； 2. 具备主动服务客户的意识，能够积极对客反馈； 3. 熟练使用CRM（客户关系管理）等客户管理工具	1. 平衡公司和客户的利益； 2. 灵活使用、组合销售工具； 3. 精确使用多种谈判方式 1. 能够讲清楚产品功能、熟练使用销售工具、高效理商户反对意见； 2. 熟练判断客户主要业务部门的需求、锁定相应谈判计划； 3. 能够准确传达产品价值，创造更多合作机会； 4. 能够准确传达客户需求，通过谈判、沟通、达成项标准并创造价值	1. 能理解和前述业务常用报表中各项指标的含义和逻辑； 2. 能够读懂的各类数据报表，通过数据呈现的业务报表，为客户提供有价值的建议 1. 为客户算账的能力； 2. 精准识别异常数据，提出优化方案

对晋升者进行培训，这是理论层面；管理者职级也需要在实践中进行反馈，这是实践层面。同时公司 HR 应该作为组织者，按照体系进行等级制定和能力的测评，以及进行后期的培训；如果没有，公司也可以寻求外部专业机构的支持。

时间花在哪儿，就会得到什么

新人面对工作会经历三个阶段：第一阶段，正确看待新岗位的技能需求；第二阶段，参加培训去学习岗位技能；第三阶段，在工作中实践掌握这些技能。工作时间的分配就是要求新人基于新的岗位要求，去改变过去的时间分配。

下面是我们针对不同的身份对时间安排的一些大致规划，这都是一些较为常态的时间规划。

当身为商务拓展时，可能 80% 的时间都在和客户进行沟通，20% 的时间用来参加公司培训。

当晋升为销售经理时，50% 的时间需要转向招聘培训；20%~30% 的时间则是通过日常沟通帮助拿下对公司有重大意义的大单；剩下 20% 左右的时间则需要和上级沟通对齐目标与路径等，然后利用剩下的时间自我学习和提升。

当身份是大区经理时，时间分配又会发生变化，可能会用 30% 的时间在商务拓展的引入上或去选拔潜在合适的销售经理，也可以为团队进行授课；30%～40%的时间去汇总和分析自己负责大区的整体数据，了解市场竞争和竞争对手的情况，关注销售策略是否需要更新，产品上如何优化，等等；20%的时间则用于和上级领导进行目标对齐等，剩余约15%的时间用于自我学习。

成功晋级为销售一号位时，整体时间安排就会完全发生变化，我们可以规划大约50%的时间和上级进行业务对齐，包括与平行部门的沟通；30%的时间用于参加一些重要的代际员工的述职，听反馈意见，包括个人状态能力、市场竞争、产品情况、团队情况等；花20%的时间用于自我学习和提升。

当然，以上四个阶段所有的时间安排都应该是灵活的，而不是一成不变的。这里需要关注的是，在时间分配上应该为下一个阶段的重点目标的提前布局留出足够的时间。有的"文将"容易注重中长期的建设，但对短期目标感到为难，有的"武将"则容易满足于短期目标取得的满足感而忽略中长期的建设。一个合格的销售一号位需要做到短期目标和中长期目标的平衡，比如图2-4某公司酒店业务战略节奏图所显示的，当前一两年销售核心指标为"覆盖20万家酒店"时，这时候除了关注"覆盖足够多的酒店"，还应该兼顾下一个核心指标——间夜，通常我为此会分配30%左右的时间。

第六章 有效方法

成长三宝：和"高人"聊，看合适的书，在"事"上练

要成为一个销售一号位，离不开人、书、事三个介质的影响。成为一个优秀的销售一号位需要和"高人"聊，看合适的书，在"事"上练。以上三点有非常多的注意事项，甚至有些是颠覆大家传统观念的。看合适的书，很多人会说"开卷有益"；在"事"上练，有人会问是不是"1万小时定律"。我认为"开卷有益"和"1万小时定律"需要有效的前置条件。

谋大局，思长远

"高人"指的是在现阶段比你水平高很多的人，体现在战略、投资、人生、健康等各个方面。如果在职场生涯中，你能碰到带领成长，给出意见，并且在商战中已验证了成功的"高人"，那

么你肯定是极其幸运的。

30 岁左右，我遇到了两个对我职业发展比较重要的"高人"。一位是中国地产界比较有威望的行业领袖，另一位是中国互联网界举足轻重的"大佬"。

因为工作关系，我跟他们有近距离接触和交流的机会。接触是单方面的观察，交流则是双向的。我主动地向他们请教和学习。他们一定程度上帮我重塑了对这个世界的认知，而认知是人与人之间最大的壁垒。他们告诉我，只有把握住时代的主旋律，才有机会实现个人的成长和成功。但每个时代的主要驱动力又不一样，问题的核心在于看到时代的主要驱动力。

孟子曰："天时不如地利，地利不如人和。"在孟子身处的战国时代，科技的演变速度较慢，每个技术周期的时间很长，大家的武器、物资差异性不是很大；谁占领了富饶的地区，谁就可能会有更大的物资优势。在三个因素中，"人和"是最重要的。以秦国为例，秦自周天子分封时就在边缘地区，可以说位于"老少边穷"地区，秦国初期资源贫瘠，政治文化落后，还常受外族侵略，这实在算不得"地利"，但是秦国有"人和"，商鞅不计个人荣辱，采取雷霆手段推行新法，从而实现了秦国的繁荣。

天时、地利、人和三者，不同的时代可能有不同的答案。如今三者的重要性显然不一样，每一个技术周期的时间越来越短，三次工业革命的技术周期从 100 年、50 年到 20 年渐次缩短。以移动互联网为例，它只有十多年的红利期。再如，只有在中国这种拥有全球最大单一市场、工程师红利的国家，才能出现包括腾讯、美团、阿里、京东这样的优秀互联网企业，这也反映出为什么除了美国，全球知名的互联网公司都出现在中国。所以当下，天时的因素要大于地利，大于人和。

这些如今看起来很质朴、很简单，但在与高人交流之前，我未曾思考清楚这三者间的关系。另外，我还从高人身上学习到：谋大局，思长远。前文我提到的两位行业"教父"级人物，他们的共同点是想的周期长、谋的局域广，这直接影响了我的创业选择和行为方式。

先谈谈"谋大局"。很多人的工作偏执行，事项由上级安排好，仅仅思考怎么用更高的效率、更快的速度得到更好的效果，但事情本身的价值有多大，却没有去思考过。

比如我在某公司的时候，到底应该选择线上酒旅还是做外卖？最初，我也并不清楚"住"和"吃"之间的体量差距，其实"吃"是更高频的业务，而酒店住宿相对低频，但这些思考往往会影响业务决策。我们应该先去做社会价值大的事情，这也是以上两位高人启发我的一种思考方式。但怎么去衡量社会价值？这需要从全国乃至全球的市场体量、该业务的线上份额占比，以及公司当下市场份额的占比这几个层次，分别去看一个市场的体量，才能知道业务的空间有多大。比如全国的酒店行业1年是5000亿~7000亿元的规模，其中线上规模大概是总规模的30%，也就是约2000亿元。当时我刚去某公司酒旅业务时，公司一年大概占有 40 亿元市场规模，在我离开时已成功拿下了大约 1500 亿元市场规模。如果判断后市，意味着还有提升空间，但即便做到市场最大，也就是整个酒店行业的总规模 5000 亿～7000 亿元，因为行业的规模和天花板就在那里。但是中国餐饮市场的规模一年大约是 5 万亿元，餐饮的线上份额在我入职的时候还比较小，后来整个线上外卖的份额从 1% 不断地增长到 50%，我所在的公司占领了整个线上份额的至少 25%，即接近 7500 亿元的规模。相比住酒店，餐饮明显是人们更高频的需求，这么去判断显然餐饮是比酒旅更具想象力的业务。

以上为前文提到的三层四面的方法论的分析，它能够告诉你如何"谋大局"。几乎任何一个业务要做业务决策和资源获取的时候，都首先要讲清楚业务的三层四面到底是什么，这决定了这个业务到底有多大。

"思长远"指的是只有看懂过去，才能看清现在，看见未来。

如何看见未来，并基于未来选择职业或者赛道？从需求和科技之间的关系出发是一个很好的方式。前文我们提到，纵观世界历史，社会发展繁荣是由制度和科技双因素推动的。在科技领域，我们把互联网、书籍、无线电报、印刷术这些定义为信息世界，把蒸汽机、核能、铁路、飞机等物质定义为原子世界，如图 3-2 所示，如果以 100 年为单位，我们会发现一个规律，信息世界和原子世界在相互影响。基于这种影响和规律，我们可以分析未来的技术趋势。在过去的几百年里，有些时段原子世界并没有什么太大变化。比如1970—2020年这50年，原子世界的变动相对较小，发动机的核心还是燃油、燃气，飞机、火车的速度也没有发生质的突变，核能还是被作为基础的能源供给，直到近年来，新能源才出现。

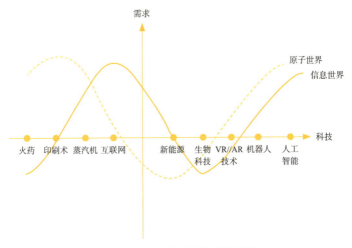

图3-2　原子世界与信息世界的发展趋势

与此同时，信息世界却发生了翻天覆地的变化，从火药的发明到互联网技术的普及，人类获取信息的时间、空间、形式和效率都发生了巨大的变化。根据以上历史规律，我们可以大胆推断，经过一定周期的压抑，未来二三十年，如新能源、机器人、生物制药、AI等原子世界很可能将爆发机会。

世界是由信息、能量和物质三个基本单位组成的，书、印刷术、移动互联网代表信息世界，煤炭、石油、天然气、核能、太阳能等代表能量世界，各种吃的、穿的、用的代表物质世界，三者的相互作用是整个世界的主线；在不同的年代，三者都产生过巨大的社会价值和经济价值，也孕育出中外排行前列的企业家，如比尔·盖茨、埃隆·马斯克，还有一些石油大王、铁路大王、啤酒大王等，以及全球市值排行前列的公司。

如此纵向横向分析，是"看懂过去，看清现在，看见未来"的一种方式。想要带领公司成长，就必须看到未来；同样，想要解决当下困惑，得先把过去科技的发展规律研究明白，要弄懂几千年来世界是如何演变的。有了这样的目标和需求，才知道要去看什么书。于是，我选择了很多世界文明史、世界科技史、中国科技史、美国科技史、欧洲科技史等方面的图书，从中看到了不同的国家如何通过科技去解决人们生活中遇到的各种问题。

以《美国增长的起落》这本书为例，它讲了在不同的行业里，科技是怎么影响人们的生活的。有些认知和人们惯性的思维存在极大的差异性。比如洗衣机和燃气的出现极大提升了女性的生活质量，帮助了女性的独立。女性在 19 世纪之前，有50% 的时间都在洗衣服和做饭，因为食物和衣物是人的两个最基本的需求，在这两方面得到解放后，女性有了时间去工作，去提高自己的生活质量，女性逐渐走出家庭。在当今的和平年代，促进社会发展很大一部分是靠商业和科技力量，这也影响了我创业的道路选择。

正是通过和高人聊，我在思维方式和行为上发生了巨大的变化；也正是通过向高人学习，我变得更为理性地去看待自己的过往、当下和未来，以及应该以什么样的视角去看待我的职业生涯和整个人生：未来我还能工作多少年，是分10年、20年、30年还是50年去规划我的事业和生活，以及如何规划……同时，我还学会了如何弥补自己的短板，加强自己的长板。

有很多人可能会说，自己没有机会遇到高人。别灰心，没有机会可以创造机会。切记千万不要远离高人。事实上，很多人并非遇不到高人，而是面对高人放不下自尊。因为高人往往犀利、坦率甚至会显得有些尖刻，会让很多人退避三舍。

有高人面授机宜、直接指点迷津是难能可贵的，更日常的在于自己读书并多思善思、获得启迪。书不在多，贵在合适。钱锺书曾经在《围城》中说过："不受教育的人，因为不识字，上人的当；受教育的人，因为识了字，上印刷品的当。"我发现，确实"识字"的人往往容易被一些不良信息或者错误的观点引导。因此，要善于甄别好书，根据自己的需要通读、细读、精读。

"开卷有益"不一定对

人们常说"开卷有益"，这也是中国很多学子从小践行的方法论。经过深入思考，你就会发现它有个前提——人的时间有限，并不是单纯地多读书就会受益，而是需要看合适的书。每个人适合看的书并不一样，不同的人面临的阶段性问题也不同，因此适合阅读的书也不一样。特别是步入中年后，有事业、家庭、健康等多个因素需要兼顾，每一分每一秒的时间都很珍贵，阅读不合适的书反而影响自己的心情和成长。比如，我发现有些刚入职场的年轻人甚至中年人，喜欢看一些讲述所谓"职场技能"的书，这些书教人怎么满足领导的个人喜好，怎么与平级"宫斗"，这样的书容易让人形成错误的职场价值观，以为靠踩他人、满足领导的私人喜好就能晋升，而忽略了个人对组织目标达成所需要的能力的构建，从而导致在职业道路上走不长、走不远。

当然，人不可能在初始阶段就看比较高深的书，而是要根据自己的阶段和目标选择真正的好书，循序渐进，多看、吃透，并把它转化成自己硬件中的内存，进行算法调用，这才是"书"之于人的真正价值。

书该怎么选？听高人的建议也是一个不错的方法。

提到"事上练"，很多人会想起近年学校和职场非常推崇的"1万小时定律"，但"1万小时定律"也是有前提的。人生很短暂，不是只要练1万小时就能成为专家，而是要用正确的方法，在有意义的事情上练1万个小时，这才有可能成为某个领域的专家。比如打羽毛球、网球、钢琴、舞蹈，若在初学时以错误的动作养成错误的习惯，练1万个小时不仅不会有所增益，反而会造成身体伤害。因此，用正确的方法训练1万个小时，这是"1万小时定律"非常重要的前提。

K 三层：BBS——离失败越远，离成功越近

BBS 不仅仅是销售一号位成长的有效方法，还适用于每一个人。BBS 三者之间的关系为进阶式（如图 3-3），离失败越远，就会离成功越近，越往上跨越一层也意味着你离成功越近一点。

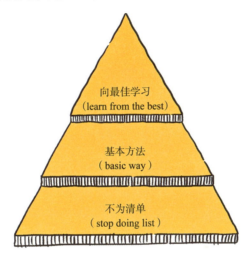

图 3-3 老 K-BBS 理论

不为清单

人生要避免一些基本的错误，也就是容易让你顷刻间出现重大损失的事情，可以将其归纳为一个"不为清单"。比如违法犯罪、过马路看手机、经常迟到毫无时间观念、不按照计划交付工作等，我们认为这些都属于生活中的红线问题。当然因为每个人

情况不一样，性格不一样，红线问题也就不尽相同，我们需要把生活中、工作中经常遇到的一些红线问题列出来，形成问题清单刻意地避免，离它越远越好。这是因为人们经常会在同一个事情上一而再再而三地犯错，那么总结这个清单有就助于帮我们制定一个"推力"。这里要感谢查理·芒格，是他教会了我要重视不要做的事情。

我曾经列举我的人生"不为清单"如下，你也可以列举你的"不为清单"。

1. 不要喝凉水。

2. 不要停止锻炼身体。

3. 不要轻易下结论。

4. 不要不让人把话讲完。

我的"不为清单"的第一条为不要喝凉水。一个创业者必须有健康的体魄，我30岁之前经常喝冷饮，当时很容易生病，后来有医生建议我喝温水，开始我并不以为意，但后来养成了习惯。实践证明它对身体素质的提升非常大，当然，喝热水这一点因人而异，此处仅为示例。

不要停止锻炼身体。30岁之前我没有固定的锻炼时间表，也没有常练的运动项目，后来我找到了自己喜欢的一个运动项目，并且加入了一个小团体，大家相互督促，都能长期坚持运动，几年下来，我的体魄和精神状态都发生了较大改变。

不要轻易下结论。30岁之前因为觉得自己还算聪明，也有一些社会实践，我有时会很快基于自己过去的一些思想认知，轻易下结论，当别人和自己的观点不一致时，容易轻易地否定别人的观点，但事实证明我有时候是错的。再后来我改变了自己的思考方式，通过不断地思辨追求更本质的答案，避免了轻易下结论导致的错误。

不要不让人把话讲完。谈话前先抛结论，后解释结论，这是我讲话的方式。此前我自然地以为别人都是这样，但事实证明每个人讲话的方式都不太一样，有些人是先分后总，有些人是"因为……所以……"，因此，我们要有一定的耐心，让人把话讲完，待其充分表达观点之后再进行讨论。

在长达10年的生活和工作中，我针对自己的痛点践行了这个"不为清单"，这给我带来了很大的帮助。

基本方法

这是指要掌握一些在生活和工作中常用的有效方法，以帮助我们提高人生效率和品质，比如以下几个基本方法。

第一，抓住主要矛盾。前文我们提到的三层四面分析法其实就是抓住主要矛盾的一种体现。无论在工作上还是生活中，矛盾永远存在，不会被消灭；同时矛盾也是动态的，次要矛盾往往会随着主要矛盾的解决迎刃而解。比如，生活中的主要矛盾大致有三个：缺钱、缺爱、缺健康，只要能解决这三个问题，就能够把生活上基本的大问题都解决。工作中也一样，比如CEO每年的核心任务，是专注研发产品，还是提高收入，还是奔向利润？这是公司需要解决的主要矛盾，误区是眉毛胡子一把抓，最后什么都没有解决好。通常，我们会听到一个人被评价"纯粹和专注"，其实只要把主要矛盾找出来，时间花在主要矛盾上，纯粹和专注是自然而然的事。

第二，正确看待事物两面性。任何一件事都有两面性，就像水是生存的必需，但多了也会淹没房屋；钱可以让人的生存有保障，但如果太多又没有管理财富的能力也容易出现问题。在我看来，除了知识，大部分事情都有两面性。遵循事物的两面性能够让你看得更全面、更深刻、更多元化。

第三，谋后而定，行且坚毅。在这八个字中，关键词分别是谋、定、行。"谋"指的是把所有可能性尽量想完整，这个过程需要判断是否足够全面，以及能不能实现不重不漏；"定"指的是在若干个方案里，选择最合适的那个，最合适包括具有长期价值和可行性，因此还要在价值和可行性之间做平衡，做选择；"行"指的则是遇到困难的时候不轻言放弃。

做好谋、定、行的核心是把它们作为三个阶段拆开进行，不能把三者混为一谈，比如一上场就想到某种解决方案，然后开始就唯一的方案全面"行"（实施），如此风险系数比较大。我们可以把它拆成三个动作，一次只做一件事。第一个阶段就只做"谋"，第二个阶段只做"定"，第三个阶段只做"行"。唐太宗李世民更是把它分成三个岗位，房玄龄只负责"谋"，杜如晦只负责"定"，秦琼和尉迟敬德只负责"行"，李世民是通过岗位设置，让每人只负责其中一环，我们则可在做事的判断和执行上实现这种切分。

第四，幸福等于科技乘以制度（图3-4）。纵观千年历史的发展，你会发现人们要想过上幸福的生活，需要让组织变得幸福，要能够在科技上发力，因为科技和组织有比较大的杠杆效应，其中科技改善了生产工具，制度优化了生产关系，通过生产工具和生产关系的双重优化，最后就能带来幸福的生活。因此，在组织里我们需要关注能不能有更好的生产工具，以及生产关系能不能更加顺畅。

幸福 = 科技 × 制度

图3-4　幸福公式

第五，成功等于战略乘以组织能力。这是在企业建设上经常用到的基本方法。我们首先需要定义这个企业、组织或者个人的成功，每个企业、组织或个人对成功的理解都不一样：有些公司想成为百年公司，有的想成为《财富》世界500强，有的想成为小而美的公司，有些想成为多元化的公司，有的则定位为专业性公司。显然一个企业对自己的定义决定了它的战略，所需要匹配的能力也就不一样。人也如此，有些人只想平平淡淡度过一生，有些人想长寿，有些人在乎生命的质量，有些人想一夜暴富，有些人追求物质享受，有些人追求精神享受；同样，不同的人生所面临的选择和能力的学习，必然也是不一样的。

向最佳学习

这是指个人、企业、组织要不断地寻找最佳学习对象，在业务上寻找市场上该领域最好的公司，找到它们的成功方法和踩过的坑，挖掘出可借鉴的地方，以供后续策略制定的参考。

"向最佳学习"的要义是意识。意识到向全世界最佳的个人或者组织学习，是一种高效的、正确的成长路径，甚至可能是最好的方案。如果世界上存在一种捷径，"向最佳学习"可能就是这个捷径，这是因为任何一个人都要站在巨人的肩膀上才能成功，并不存在"冷不丁"地天降巨星。如果牛顿没有力学的基础，苹果掉下来也不会让他想到万有引力；同样，即便是乔布斯，也需要一些硬件产品的知识储备。

"向最佳学习"不是照搬照抄，而是学习对方的理念，要在学习的基础上再迈一步。比如学习乔布斯，我们并非得去学乔布斯的某一个具体产品，但是苹果公司把产品和营销融合得很完美，在价值和增长上双管齐下，从而使乔布斯能够在全世界进行供应链体系的建设。虽然我本人并不从事手机行业，但是作为 CEO 他的理念值得我学习。

找到适合你的学习对象。比如线上酒旅行业的最佳是缤客，电商学习的最佳对象很可能是亚马逊。对个人而言，也需要找到你的最佳学习对象，例如我人生中一个重要的最佳学习对象是查理·芒格，他跨越了具体的商业层面，从为人处世上帮助我在生活、工作上更加通透，比如他说：离失败越远就离成功越近；投资要有安全阈值，首先保证不能赔钱等。

学习最佳后，要用它指导自己的思想和行为，然后在过程中进行迭代反馈。

针对如何学习最佳，我们要持续面对四个问题：这个行业内最优秀的是谁？他是怎么做的？我们是否要学习和借鉴？学习后的效果是什么？这四个问题层层递进。

在此可能会有读者有疑惑："我们不是以客户为中心吗？为什么要花这么多时间研究最佳和竞争对手？"其实并不矛盾，"以客户为中心"是目的，学习最佳是手段，是服务好客户最快速、消耗资源最少的一种方法。

我的一个朋友在一家大型互联网公司负责重要的业务，他曾对我诉苦，底下的业务负责人经常因为不同的观点和做法吵成一团，随后向他寻求意见。我给的意见是用全球最佳来作为度量衡，学习对标。承认先进、学习先进、超越先进是一个务实的发展路径。

K 三环：喜欢的、擅长的、社会需要的

通过与高人聊和自己感悟，我认为人的幸福与以下三环是息

息相关的：我喜欢的、我擅长的和社会需要的（如图 3-5 所示）。找到三者的交集，在这三个前提条件都满足的时候，一个人更容易获得幸福，同时这个交集才是一个人一生中最值得持续做的事。

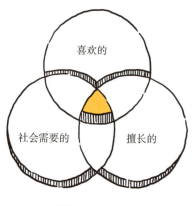

图 3-5　K 三环理论

其中有一点需要注意，喜欢和擅长是有区别的。我喜欢音乐，但我在这方面可能没有特长，这是擅长和喜欢的区别；另外，喜欢和擅长的还必须是国家、社会、时代所需要的，有时你擅长的东西可能并不是这个时代需要的，这就容易使你觉得怀才不遇，让你郁郁寡欢。三环理论能够帮助你极大地避免过去低水平的重复和勤奋，因此你可以花一些时间尝试回答以下问题：

1. 你喜欢什么？

2. 你擅长什么？

3. 社会（或组织）需要的是什么？

4. 三者的交集是什么？

过往也有很多销售同事问我，成为优秀的销售需要哪些好习惯，有哪些习惯是可以提醒同学们去养成的？所有习惯的源头都是处理好自己和自己的关系，以及自己和社会的关系，这是我培养习惯的出发点。

首先，处理好自己和自己的关系。包括明白自己想要什么，认清自己身上的优缺点。我们通常可以假设这样一个场景：每一年或者每十年结束时，甚至是即将离开人世时，我们会怎么评判自己——什么能让我评判自己是成功的，什么会让我觉得自己是失败的，什么会让我感觉快乐，什么会让我沮丧……对于成功或者快乐，这里没有固定的标准：有人希望是财富无限增长；有人希望他人评价自己是个好人，与周围的人相处融洽；也有人希望自己身体健康……每个人的需求都不一样。

基于需求，我们再看看自己的能力和它之间的关系，这是相当重要的前置因素，所有人的痛苦或幸福都来自预期，其实就是目标和现实能力之间的关系。如果二者之间的关系是正向的，只要付出一些努力就能达到目标，人相对会比较幸福；如果为负向，目标和能力之间有极大的鸿沟，人自然就很痛苦。

其次，处理自己和社会的关系。人不是孤立存在的，很多时候幸福与痛苦来自社会对你的认可和反馈，就像公司是否具有存在的价值，不在于员工怎么看待，而在于公司有没有对社会做出贡献。

就犹如撰写本书的初衷，它的价值不在于我如何畅快地表达了自己，而在于最后是否对其他人产生了价值，哪怕是让人有一瞬间内心平静了，或帮助别人解决了工作中某个小问题，我都会认为这是有价值的。未来我也想通过科学技术去帮助人们将生活变得更好，这是我处理自我和社会关系的一个核心出发点。

最后，当自己和自己的关系、自己和社会的关系都处理好，并把两者连接起来后，我认为事业和人生就比较顺了。自己喜欢的、自己擅长的和社会或组织需要的交集，是思考并选择未来方向的一个很好的切入口，也是我认为从源头上需要培养的习惯。

当然，好习惯需要经常校正，比如销售团队就需要不断地让成员们去思考，他们喜欢的、擅长的与公司所需之间的关系。如果你喜欢或擅长的，恰好是公司不需要的，那你会觉得很痛苦，容易出现低谷期。如果我们想要在职场发展，我们应该思考公司所需，同时不断修正不足、弥补短板、改善自我，主动匹配公司所需能力并加强锻炼。

很多将领在战争结束之后，会面临长达十几年甚至几十年的低谷期，这就是因为他们擅长的是打仗，他们喜欢打仗。战争结束后，他们回到正常的生活状态，很容易不适应，而打仗的能力在和平时期暂无用武之地，这时候他们就要修正自己喜欢的与擅长的。

因此，喜欢的、擅长的和社会需求是根本性的问题，一旦确定了社会或组织的需求，即便在擅长的方面还有所不足，也可以通过阅读合适的书、找高人聊、事上练来弥补。

这里需要重点强调的是，每个人都会有不擅长的领域，在职业生涯初期甚至可能没有一个擅长的领域，而且没有人能做到对所有的领域都擅长。

在职业生涯初期，我们可凭真诚的态度和主动精神，去找身边比自己水平高的人聊，不断吸收他们在工作、生活、自我成长上的方法或技巧，提高自己。

随着时间的推移，我们也在不断地进化，在某些方面的能力会越来越好，开始变得对别人有价值，再和其他高人聊时，不再仅仅是单方面地接受别人的帮助，我们也能为别人提供一些有价值的信息。这时候我们可以以询问和倾听为主，偶尔提出一些自己擅长领域的有价值的建议。

随着我们的不断强大，和其他高人交流时，身份会变得更加对等，双方可以交流各自擅长领域的经验，相互成就。

以上三个阶段是自我提升和进步的相对实用的方法，我们需要更主动一些，更有自信心一些。在观察过身边人、身边事后，我发现很多人事实上不知道找别人聊是获得成长较为有效的方法，或者是他们在请教高人时态度有问题，比如能力尚不足时却企图表现出自己的强大，试图在所有事上证明自己是对的，这反而会失去请教的机会。因此，在请教他人时，我们要更谦虚地听取别人的建议。

第七章　淬炼心志

在第二部分中我们提到销售一号位的核心能力是"纵观全局""谋后而定""上下左右""排兵布阵"，那么在构建这些能力的过程中，"淬炼心志"是一个必经的过程，是构建以上四个核心能力的底层能力，也是一个销售一号位必须具备的核心素质。

"淬炼心志"强调"炼"而非"练"。这两个字有着本质的区别，"练"指的是频率，而"炼"指的是深度。一个销售一号位在成长过程中会遇到很多问题，比如既跨行业又跨"兵种"的转型，从个人贡献者到管理他人的鸿沟，前台"武将"想要变成"文将"的困难，等等，我们认为无论是处于顺境还是逆境，都应当从"脑力、心力、体力"等方面来淬炼自己。

脑力、体力、心力

　　除了对上级、下属和左右部门的关系，一个销售一号位处理好与自我的关系也非常重要。与自我的关系主要在于脑力、体力和心力三个因素（见图 3-6）。三者相互促进，相互影响。

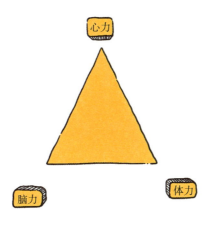

图 3-6　三力

　　首先是脑力，是算力、算法、信息三者的结合。算力上，大多数人是固定的，比如人的 IQ（智商），差异较大的在于算法和信息。掌握的信息越全面、越准确、越及时，就越容易得到正确的结论；拥有的算法越先进，就越容易抓住趋势、抓住主要矛盾。

　　其次是体力。销售一号位通常有很多应酬场合，经常喝酒，吃饭不规律。如果说要给销售一号位一条建议，那么先把体力锻炼好就是一条很朴素但很重要的建议，可以通过健身等方式让自己保持年轻的身体状态。另外，好的作息，尤其是好的睡眠，也是最容易被很多人忽视的。

最后是心力，心力主要体现在五个层次。

其一，是否有耐心。比如在个人能力的跨越式提升上，在团队长期能力的建设上，在市场占有率的获得上，是否有足够的耐心去接受过程中的挫败，接受业务的缓慢增长。

其二，面对突发事件能否果敢处理。比如遇到重要人员的突然辞职，相关产品的忽然宕机，监管政策的突然变化，能否在短时间之内果断做出调整与改变。

其三，能否做出重要的竞争决策。比如在当下竞争环境中某业务的方向是错的且拥有众多旧部的情况下，能不能足够果敢地进行调整。

其四，执行力是否够强。比如在策略正确的前提下，能不能执行到位，拿到组织想要的结果。

其五，愿不愿意与他人分享成果。这决定了企业和个人能否走得长远。

脑力上，最重要的是训练思维模型。把人的大脑比作一台计算机，思考的过程就相当于计算机的算力乘以算法（见图3-7）。脑力是对输入信息进行计算，最后输出结果，这个过程就需要用到算力和算法，算力一般体现为IQ，它相对固定，但是算法则需要不断迭代。有个现象困惑了很多人，有部分高等学府毕业的人，按常理他们的算力是没问题的，但是他们在职场上却发展得不那么顺利，这到底是什么造成的？后来通过多年观察我发现，一些高等学府的毕业生有优越感，始终认为自己学生时期的算法是领先的，进入社会后不愿意主动更新算法，然而算力恰恰不是导致人和人差距的关键，算法才是。而且，算法对人的影响不是相加的，而是指数级的。

图 3-7　大脑思维模型

如何提升自己的算法？一个人既有信息总量，又有信息结构，还看了很多书，但如果没有梳理归纳，没有分层分类，没有形成自己的知识结构体系，就难以进行高质量的输出。对脑力的淬炼，最重要的是增加信息总量和训练算法模型。信息总量是要了解更多的信息，只有信息量足够多，思维模型足够先进，才有可能输出正确的认知，并通过思维模型的不断迭代，使人的脑力得到有效提升。

好的思维模型能够形成复利效应。为什么这么说呢？我们可以观察到，在约 35 岁前，受性别、国籍、家庭、教育、就业、继承财富、天赋等影响，人和人之间会有显著的差异性，但大约在 35 岁后，有些人即使出身贫寒、学历不高，也能逐渐缩短与他人之间的距离，有些人甚至能反超。这就是因为他们用较好的思维模型弥补了先天的欠缺，形成了复利效应。

35岁之后不再强调某个单独的因素对人的影响，而是强调信息、算力、算法综合因素的影响。如果35岁后形成了较为科学的财富观、成长观和世界观，就有益于在后面的事业上规划清晰，人生态度也会趋向自知而清醒。

以我个人为例。35岁以前，我更关心财富增长、短期回报等，在工作的选择上我看重的因素是短期收入，但35岁后，我开始逐渐地从更长期的视角去思考事业的发展路径规划；成长观上，在35岁之前，我没有明确的成长路径，总觉得上级特别重视我、高看我一眼、夸我一句这些很重要，或者有某种裙带关系就会更快地实现晋升，但35岁后，我意识到这是被一些不好的风气误导的错误观念。在职场，一个人对一家企业最大的价值，并不在于裙带关系或阿谀逢迎，而在于是否能真正帮这家企业发展，产生专业价值，产生商业价值。这才是真正的成长观。

通过大量科学、历史类信息的输入，我发现这个世界有自身的运作规则，也开始意识到世界是如何进化的，几千年的人类发展历史可抽象为两条主线：一是社会制度的变化，如奴隶社会、封建社会、资本主义社会、社会主义社会的演变过程；二是科技的发展。这两条主线不断地交织，帮助整个社会的进化。其中，科技又是第一生产力，于是我开始以科技求真，并逐渐构建了一套适合自己的科学方法论。比如通过科学的定量、定性的分析去确定供需关系，通过向最佳学习与自我情况结合来确定业务的发展路线，在人才评价上强调数据的维度，等等。我把科技求真当作我践行的唯一标准，那么其他的因素就能较少干扰我。

比如目前我公司研发的智能炒菜机器人美膳狮，这一款产品如果想帮助现炒餐饮品牌降本增效，就必须做到把中餐标准化。但是所有人都知道中餐标准化的难度，里面有非常多我国传统文化包含的"锅气""秘方""灵感"等非标准化的词语。

摆在我面前的首要问题同样是如何用科技求真的方式实现对中餐的标准化。最终，美膳狮通过热力学、电磁学、流体力学等若干经典物理学，把中餐中所有的数据化为度、克、秒、转/秒等物理参数，研发了全流程自动化的机器人，并且复刻大师菜的全流程，做到每道菜都按照最高标准进行炒制。

此外，基于商家的需求，我们为其提供超 500 道覆盖八大菜系的通用菜谱，让不同类型的商家均可获得适配的菜谱；同时打造了私有云菜谱，满足有秘密菜谱的商家的需求，保证他的秘方不外泄。最终通过这种科学的方式，把大厨难以言说和传承的手艺，转化为机器的智能，让产品满足了现炒品牌商家的需求。

也正是这种科技求真的理念，让我逐渐形成了自己稳定的世界观，也帮我和团队实现了成长和跨越，并享受了它带来的复利效应。

有韧性，穿越低谷期

在成为销售一号位的过程中经历低谷期难以避免，或者说人生进入低谷期也是常态，所以这一小节除了适用于销售一号位，同样适用于所有人。

实际度过低谷期也有科学的方法，我们不能陷入感性思维无法自拔。我们需要意识到低谷期是必然存在的，这种心理建设或心理预防相当重要。俗话说，人生不如意十有八九。一个人若无法正确看待低谷期，就很难接受挫折，而且容易焦虑。每一个想要实现自我价值的人，最起码应该做到不放弃，能够在低谷期积极寻找解决方案，用自身的"韧性"抵抗困难。

因此，度过低谷期我们可以分三步走：首先，我们要清楚地知道低谷期产生的原因是什么；其次，能够就低谷期产生的原因找到正确解法；最后，坚持将解决方案强有力地进行落地。

前文提到，从个人贡献者到销售一号位，每次的蜕变不是线性的，有的甚至是急速转折的。一个好的销售，不见得是一个好的销售管理者，如果说我们非要把一个不能从帮助他人中得到快乐，只擅长销售的人提拔成销售经理，他有可能就会有一段艰难的低谷期。因为从源头上看这本是一条错误的道路，会导致出现低谷期，甚至长期低谷期。你需要时刻保持警觉，一旦陷入低谷期，你需要在分析清楚原因后，当机立断更换行业或者更换岗位。

在个人贡献者、管理他人、管理管理者、销售一号位这四个阶段，我们需要清楚每个阶段的跨越能力项。如果不明白现在的岗位和之前的岗位所需跨越的能力项和差异点，那么坠入低谷也是必然的。

因此，要有不把此前积累的惯性或优点带入下个阶段的"空杯思维"，它是帮助跨越低谷期的有效手段，当然这种淬炼过程往往异常艰难而痛苦。

某公司的某项业务有逻辑复杂、货值较高的特征，不太适合电话销售而比较适合大客户销售。如果此时招聘了一个刚毕业的、没有太多经验的销售，哪怕他再勤奋、再努力，最终业绩也不会好，那么他必然就会处在漫长的低谷期。这里造成低谷的原因不是他不适合销售岗位，而是他的销售技能不适合此产品和此时的业务阶段。

又如，一个人晋升为销售一号位却没有完全了解岗位要求，需要根据产品特点组建合适的销售团队，要处理好销售中台和前台的关系，但却没有特别好地看待这些工作理念，那么工作自然开展得非常吃力，自己也处在一个长期的低谷期不得脱身。这时候的正确解法是抓紧了解岗位胜任力模型，并在岗位上不断实践从而具备新技能去度过低谷期。

我在成为销售一号位的过程中，也经历了两年左右的低谷期。这是因为我当时既缺乏教练的引导，也缺乏理论的支持，加上内心比较封闭，不能也不敢打开心扉向别人示弱、求助。总而言之，我当时无法胜任销售一号位。因此我花了两年多的时间，痛苦地摸索解决方法。

现在回想起来，我实际采取了一些比较"笨"的方法，我看了很多感兴趣的人物的经历和故事，从中获得了一些精神力量。同时，因为缺乏较好的理论素养，我就把工作中的一些困惑、失败或者问题总结起来，不断去思索总结这件事为什么做得不对，有没有更好的方法能产生更好的结果，在这个过程中不断反思与调整，从而找到事物的最优解。比如，此前我供职的一家公司，当时擅长的销售方式是地推，但地推恰恰不适合业务面对的客户，我需要重新采用电话销售和大客户销售的方式，但这种方式和公司原有认知惯性不一致，同事们都不理解，甚至对我的方法比较排斥。这是当时业务面临的难题，也是我的低谷期，后来我通过培训的方式去宣讲策略，用小规模的团队去验证新的策略，最后一步步把仗打赢，并用两三年时间逐渐证明了自己的选择，经过这个过程，最后连当初反对的人也开始组织团队来向我们请教与学习。

在经历低谷期时，我们不能自我消耗，得扛得住，用耐心和韧性顶住质疑，通过行动去把仗打胜。当最后取得成效时，我们就不需要任何语言证明"自己是对的"。因此，低谷期最重要的是学会跟自己相处，让自己内心强大，最后用成绩来打消所有人的疑虑和批评。发展是硬道理，也是走出低谷期的一种方式，另外一种则是如果你判断自己可能碰到一个死结，那就绕路而行。

年轻人如何度过低谷期

经常有初入职场的年轻商务拓展和媒体朋友问我：年轻人如何应对焦虑和抑郁？实际上我认为这里谈的也是如何度过低谷期。

长期以来，我们一直处在高速增长的时代，没有体会过相对慢的增长，也没有经历过太多挫折。如果一个人还未意识到人生本就有低谷期这一客观事实，那他焦虑和抑郁就是必然的。因此，理性地认识这件事有助于我们接纳低谷期。

低谷期有时候和某个人没有关系，而是与"出场顺序"有关系。许多老一辈革命家非常坚韧，因为他们刚出生时接触到的世界是混乱的、低迷的，比如我们爷爷奶奶那一代人，那时祖国正在经历贫穷、动荡、落后，能保证基本的物质条件，能够吃饱吃好就是一个相对幸福的状态了，因此后面无论多大的困难与低谷，都很难比最开始时更糟糕。换言之，如果内心期望值低，那么每一次发展都能让他们感到兴奋，或者说都是一种机遇。而20世纪80年代中期之后出生的一代，经历的是我国罕见的黄金发展时期，物质条件很充足，大多数人没有经历过"食不果腹、衣不蔽体"的阶段，我们没有感受过相对低速的发展阶段，因此面对困难缺乏处理的经验，这也是一种客观存在，不以个人意志为转移。

此前我也认为从出生以来，人就应该是快乐的，但随着岁月的累积，我发现人生的真相不只有快乐，也有平凡与痛苦，我们往往要用很大的努力才会获得仅有的一点快乐。我们只有比较客观地看待世界，才能变得更为理性。

经济有发展周期，社会发展也有周期。面对周期变化时，我们需要做到心中有数，如此一来我们就不会那么畏惧，也会更珍惜那些好的时光；如果正处在非常好的人生阶段，那就尽情地享受；但如果我们先经历了最好的时段，后面的社会并没有那么高速增长，那么了解世界的经济周期和社会发展周期，去观察我们所处的年代处在什么阶段，客观地认识世界、人生与自己，也能帮助我们走出低迷、焦虑。

销售一号位也是如此，你需要客观判断自己的业务与行业到了哪个阶段，是探索期、进攻期、发展期还是变革期，这一直是本书强调、需要你着重思考的问题。当你判断了自己的业务阶段，对阶段特征有了了解，那么面对困难率先就有了客观的认知，并有了心理准备。

除了度过低谷期，淬炼心志还是一个自我革命的过程，销售一号位需要不断地跟自己的弱点抗争，摆脱膨胀，避免我们常常说的"愚昧之巅"，而避免膨胀的最佳手段是自我反省、自我批判、自我革命。与其让别人或者此后的业务失败来"毒打"自己，不如自己淬炼自己，比如当自己"骄傲"时，能将自己拽回平地，自己"低落"时，又能把自己调节得更积极向上，在每一个阶段都能够不断地反省、学习。

自我革命除了与自己的弱点抗争，还要跟自己"人性中恶的一面"抗争，比如前面我们提到的格局，它对应的就是狭隘，嫉妒，不愿意合作，给别人随便贴标签，等等。因此，淬炼心志需要贯穿销售一号位的整个职业生涯，强调的是销售一号位需要永远保持谦卑的、饥渴的状态，敢于承认自己的无知。

4

销售一号位的十大误区

"重要不紧急"的事最终决定了一个人的生活质量和事业高度。

——老 K

不能充分、正确地理解公司和业务情况

不同公司的特点、发展阶段、所拥有的资源情况、所处的竞争环境都是不一样的，同一家集团公司的不同业务、所处的发展阶段、资源分配情况和竞争情况也是不一样的。因此，不要非常随意且固执地把原有公司、原有业务，或者同一公司其他业务的思考习惯、工作习惯不加甄别地全部转移到新的业务、新的岗位上。

新人入职某个业务一般会有三种情况：一种是原来做甲业务，跳槽后还是做甲业务，只是换了家公司；另一种是既换公司又换业务；还有一种是在同一家公司内部转岗，从甲业务换到了乙业务。这三种当中最难的是既换公司又换业务；其次是在同一公司改变业务，挑战也是很大的；最后是不同公司的同一业务，挑战稍次。

某公司就曾经从 B 公司招聘了一个销售负责人 Y。Y 特别生猛，上来就开干，因为他原来的公司本身就处于进攻期，所以他习惯一上来就要很多预算。而某公司有自己独特的业务方法论，叫作"善谋划"，按照小规模试点，先在几个城市尝试，然后大面积推广，分几个阶段来实验。这个销售负责人因为没有充分理解和认同新公司的做事方法和业务阶段，所以最后没能"活下来"。

来自 D 公司的 Z 则表现出另一种特点。D 公司本身具有优势市场地位，因此它的客户都顺着公司的销售，Z 自身工作的顺利开展有很大程度源自公司的整体赋能。Z 没有充分意识到，他来到新公司 M 后面对的是有一个漫长且艰难的转型期的业务，业务处在一个非常初期的市场落后阶段，他发现用之前的方式什么事儿都搞不定，客户对他也没有了之前的尊重，因此他也度过了一段非常艰难的时期。好在 Z 很快就调整了心态，开始更加谦卑地去服务客户，逐渐历练成了一个比较优秀的销售一号位。

有时候我们跳槽却发现工作不能顺利开展，原因就是没有看到业务不同阶段的差别或者是不同业务核心能力的差别。前文我们提到的"业务发展生命周期"的不同阶段对于销售的要求也不同。

探索期最重要的是找到合适的 PMF。这个时候的销售团队不需要很多人，但是对销售的要求很高，销售既要有很强的市场敏锐度，能够发现机会，又要有很强的耐挫性，因为他可能随时面临失败乃至项目解散的风险。这个阶段最有成就感的是产品经理和商业分析部门的人员。

进攻期，PMF 已经确定，UE 模型也已经基本跑通，核心目标是扩大市场规模，提升市场占有率。这是销售团队最有成就感的时候，团队规模快速扩大，销售团队在公司的影响力也快速提升。很多市场上有名的销售大将都是这个时候出现的。时势造英雄，不同的阶段造就不同的英雄。

发展期，业务开始追求盈利，开始控制人效，销售团队就开始有一定的不适应甚至失落。

变革期，一些人可能会经受不住业务变化带来的混乱，会选择更换公司或者业务。

相对于对空间的敏感度，人们对时间的敏感度要低很多。很多时候，人们不太了解业务发展到了什么阶段，自己的人生到了什么阶段，不同阶段之间的关系是什么样的。从进攻期的 A 业务到了探索期的 B 业务，差别很大，无论是对销售一号位的能力，还是心态，都是一种挑战。很多经历过进攻期的销售团队，会怀念进攻期带来的激情和成就感。在没有正确的工作理念的前提下，贸然进入探索期和变革期的业务，失败的概率比较高。同样原来处在优势战场，转到劣势战场时，如果自己对新业务的产品、服务基本功不扎实，而且没有培养出耐心，也非常难适应业务，并取得好的结果。

另外，更换了客户分层也需要销售一号位做出相应调整。比如原来面对的是小客户，销售团队靠勤奋出成绩，而现在重点进攻大客户，需要有人脉、需要掌握国际商务礼节、需要了解集团系统化的管理需求等，这样才有可能获得客户的认可。战场不同，对销售团队的核心技能的要求也不同。

"既换业务，又换公司"，这对销售一号位而言难度是最大的。我到某公司负责酒旅业务，就属于典型的"双换"。首先是这家公司跟我原来就职的公司区别很大，属于不同行业；其次是这家公司是一个特别注重逻辑的强调"科技求真"的公司，讲究用科技追求真理，我之前没有类似的认知和与之相关的训练，更注重带领团队拿到短期结果，加上我之前没有做过酒店业务，没有理解酒店业务供应链管理的复杂性、价格的多变性、库存的实时有效性等，因此对我而言是一种挑战。后来我花了一年多的时间，放下自尊、不断清空、持续学习，才在"双换"的情况下生存了下来，才逐渐胜任了这个岗位。

经常抱怨资源不到位，不能与其他部门有效协作

职场里有两句话：一是"不背锅，不甩锅"，二是"英雄是以集体形式出现的"。前一句针对的是"经常抱怨资源不到位"的人，后一句针对的是"不能与其他部门有效协作"的人。

销售团队为什么会有抱怨呢？有一个场景我们经常可以看见，销售负责人在业绩复盘的时候会表示，我业绩没完成，不是我不行，是竞争对手太强大，或者是产品太弱，或者 HR 招聘能力不行，或者是市场部的工作没有做好……他的目的是甩锅，想把业绩没有完成的责任转移给其他部门，避免上级责备；或者他想通过甩锅拿到更多的支持和利益。

避免这种情况就要在公司里培养"既不背锅也不甩锅"的文化。该是谁的责任谁就必须承担，不该背的责任也不要背。"不要背锅也不甩锅"的前提是我们能清楚定义每个部门的责、权、利，明确每个部门应该为哪些可控输入指标负责。比如产品频繁出问题，那不是销售的问题是产品的问题，可能是在研发、采购或者生产制造时没有做好。如果遇到这种情况导致的客户投诉率高、复购率低，就需要产品部门来承担责任。反过来，如果销售给了客户虚假的承诺，或者是在产品没有明显问题的情况下，销售没有完成业绩指标，以及发生价格和利润没有控制好的情况，那么这就是销售团队的问题。

另外，我们得不断地强调"英雄是以集体形式出现的"。随着一家公司、一个业务的成长，在组织内会有一批"英雄"诞生；随着业务、公司的衰败，也会有一批英雄谢幕。一家公司或一个业务整体出现衰败，个人也很难有非常好的发展。所以最好的状态是上下同欲团结起来，左右互补、齐头并进，把业务做好。伴随着业务的发展，所有人在能力上、职位上、收入上都能得到持续提升，这才是良性循环。

拒绝抱怨者、欢迎建议者、争当建设者。这个良性循环的前提是：第一，把责、权界定清楚；第二，要意识到抱怨是不能解决问题的。只有相互理解，相互信任，有问题一起想办法解决，才能在成就业务的同时成就自己，而相互成就是人与人关系最好的一种。

不重视先进"武器"的使用

战争一般分三种情况：一是靠战略取胜，比如围魏救赵；二是靠人数取胜，比如 10 倍于敌方的军力；三是靠先进武器取胜，如从冷兵器到热兵器时代，蒙古更早地使用了马镫，西班牙、英国更早地使用了更先进的导航、船只和火炮。整个战争史，从人数到武器的转变，越来越凸显出先进武器的重要性。

幸福＝科技 × 制度。很多销售一号位对制度的建设比较关心，但是对科技的关注不够。销售团队的武器能力建设，整体进展比较慢，慢于财务、研发、人事等相关职能的建设速度。其中一个重要原因可能在于销售的管理更非标准化。

一个商务拓展的工作做不好，大概有两个原因，要么态度有问题，要么能力有问题。态度问题可以通过记录拜访次数、电话次数等来反向检核；能力有问题，则表现在不知道怎么找到合适的客户，面对客户的不同问题不知道怎么回复，不知道回复之后是不是有效果，或者不知道如何给客户量化地通过数据来讲清楚。这里就需要一个针对销售能力提升的整体系统。比如，系统发现某销售在某一类客户上的成单率比较高，但其实他自己并没有明确的认知，这时系统就要提醒他优先开发此类客户。

同时系统还要把各种客户的线上化数据展示出来，通过建设商户综合评估指数，提醒商户哪个指标存在提升的可能，如何提升，提升之后会有什么效果；是图片有问题，还是价格有问题；

是新客户的获取有问题，还是老客户的复购有问题。这样，销售就能很快发现客户的主要矛盾，因而能有针对性地解决这些矛盾。解决完这些问题，销售量增长了，形成了正循环，同时客户产生了信任感，销售也很有成就感，这就形成一个闭环。

最后，还需要一个总部使用的指挥官系统。订单快速增长的时候，指挥大屏幕上就可以显示出哪儿的流量有问题、哪儿的库存有问题、哪儿的价格有问题，销售一号位就可以从全局调配资源，进行整体统筹。

有了这些系统之后，就能形成这样一种局面：用更少的人消耗更少的资源打赢更大的仗，从感性打仗到理性打仗，从定性打仗到精确定量打仗，从打仗靠喊、靠动员到打仗时时有抓手。

不少人认为销售是个低端职业，这是非常错误的。销售团队是企业前线作战单元，对企业每个关键阶段都至关重要，而要做好销售工作更是要科学地构建多维系统的能力，科学制定武器系统，所以销售其实是科学和艺术的结合体。

不重视销售中台建设

无论是销售中台还是销售前台都要向销售一号位汇报。一个优秀的销售一号位既要兼顾销售中台的能力建设，又要密切关心销售前台的结果。

现实中很多销售一号位的误区在于，只关心销售前台，不关心销售中台的能力建设。他们不明白如果没有第一，很难拿到第二。如果没有中台的能力建设，不能帮助销售去增加销售线索提高转化率，会导致怎样的结果？那就是销售团队只能持续加人，形成初级的"人海战术"场面。

举个例子，当年某行业 J、Y、Q 三个公司的销售加起来差不多 1 万人，我所在的公司只有 2000 人，但是最后我们带领的业务单量是这三家公司之和的两倍，人均效率是他们的 12 倍。

这里的核心就是摒弃堆人的手段，去持续建设中台能力。我们有业内最先进的作战指挥、数据分析、商户自我管理和竞争情报系统，有了这些系统加持，每个销售都具备极强的单兵作战能力。时至今日，为什么还是有公司选择人海战术，而放弃搭建作战指挥系统？

理论上，销售一号位应该具备想到使用先进作战系统的能力。但现实中，很多销售一号位的理论修养缺乏，没有认知到先进作战系统的重要性，或者意识到了也没有能力进行建设（同时市面上也没有特别好用的 SaaS 系统）。一些公司的 CEO 也会认为销售系统建设的优先级不高，这可能也是一个阻力。但对公司来讲，人海战术的综合人力成本更高，且无法将客户资源、销售能力沉淀下来，使之成为公司可以长期积累的资源。

美国不少企业也有类似的需求，但它们在 SaaS 软件上比较成熟，比如赛富时（Salesforce），企业能以相对较低的成本使用这些工具。中国的初创公司也可以租用类似的 SaaS 服务，用较低的成本来进行 CRM 管理、销售过程管理等。

喜欢把自己的团队搞得很大

这就是一个销售团队典型的陈旧思想带来的产物。为什么特别强调销售团队会出现这种现象？

首先，传统的销售管理，会被认为是一个典型的加法关系组织，也可以叫作线性组织。什么意思呢？比如我今年需要有 100 亿元指标的销售额，假设每个人完成 200 万元，那就需要 5000 人。因此销售一号位自然就会认为，要想承担更多的业绩，有更多的价值，就得有更多的人。这是一个非常简单且看起来没有错误的数学逻辑。

其次，有的销售一号位会觉得管理很多的销售人员能让自己在公司有更大的话语权，就能在同僚面前显得地位更高。比如在同僚面前，大家都是销售一号位，我在公司管 20000 人，你管 1000 人，我就比你有优越感，因为我比你管的人多。

这两种情况分别解释了为什么销售负责人喜欢把团队搞大：一是因为对销售团队的认知本身就是落伍的；二是因为他有个人诉求，无论是为了安全感、面子，还是所谓的"荣誉感"，他想要带领很多人。

但事实上这样是不对的。如果一个销售一号位能用更少的人、更科学的组织架构、更先进的管理方式，达成更远大的销售目标，其实更能显示他的价值，但这需要他的领导有更强的识别能力。再者，庞大的销售团队对公司的资源消耗比较大，尤其是它属于固定成本。比较好的方法是，通过固浮比——固定工资和浮动工资——的设置，保证销售团队是一个健康的且有合理流动性的组织。同时也可以采取渠道的方式，按效果付费。

通过多兵种的组合、更先进销售工具的使用，作战效率可以大幅提升。组织架构、管理方式、薪酬构成、销售工具的使用都可以保障用更少的人达成更好的销售目标，这些在很多先进的组织中也都已实现。千万不要只盯着团队规模这一个要素。

因此，要特别避免个别销售一号位本身的能力认知不足，或是有一定的个人欲望诉求，导致他有意或无意地把销售团队搞得很大。

对培训的重视程度不够

销售一号位要想顺利达成目标，最快的方式是通过从外部招人、内部活水转岗，快速打造一支能为组织所用的部队，但随之而来的问题是：部队成员来自四面八方，大家在目标、思想上截然不同，技能参差不齐，对业务的认知、承担的使命、工作的优先级、招聘的模型、日常考核及管理模式，每一个人的理解都不同，步调很难一致。

在我刚加入某公司的酒店销售团队时，面临过类似的问题。团队成员的来源既有内部活水转岗，又有同行招聘。当时有个销售负责人问我，我们的销售方式为什么选电销，而不是该公司主营业务擅长的地推或者其他。这就是团队人员对销售策略思想不统一的典型表现，这种意见的不一致必然会影响后面的"作战"执行。

随后我们通过一些培训，就以下内容达成了共识。首先，销售方式是由客户密度、客户价值和客户特点三者决定的，而不是过往的路径依赖。例如，团购业务是一个比较低门槛的通用性产品，对商户具有较强的普适性。一个路口可能有餐厅、酒店、电影院等多种商户类型，一个地推商务拓展跑一趟可以用团购产品与这些集中的不同类型的客户全部签约，此时地推是高效的；而酒店业务的拆分（将产品从团购升级为预订，更好地满足用户准确订房的需求），就使得目标客户群体比较分散，这时单一的地推效率就显得没有那么高。

基于这种判断，我们把销售策略分为了三层：全国大型连锁酒店等高价值客户，利用关键客户团队进行商谈；客户密度比较大的地区使用地推；在县城、郊区等客户相对分散的区域采用电销。最后的结果是，通过培训我们达成了策略的共识，消除了疑惑和分歧，随后几年，我们用一支2000人的团队打赢了同行差不多 10000 人的团队，取得了更好的效果和更高的效率。

由此可以看出，好的培训不仅能使组织思想统一，还能提升销售团队的平均水平，是快速提升团队战斗力的方式之一，同时还能提升销售效率、组织运营效率及员工保留率。

培训如此重要，但现实中有很多销售一号位不知该如何建立培训体系。培训需要"因材施教、学以致用"。我们从教材的编撰、讲师的设置、培训的分层机制，以及培训的评估四个维度详细看看应该如何做好培训。

教材与讲师的选定原则

有不少人在教材上容易犯的错误是连篇累牍，量大贪多，给学习者的阅读和理解造成负担。在我的团队，所有培训教材我都会亲自参与编撰或者修改。有次培训，一位讲师就教材内容进行汇报，上来就准备演示一个 80 页的 PPT。当时我便反馈："你别汇报了，你把那 PPT 关了，自己脱稿先讲一遍。"讲师当场愣住了。当然，这里并不是要为难这位讲师，而是 80 页 PPT 的信息量，如果讲师自己都记不住，凭什么指望学员记住？于是我提出了要求：必须将 PPT 提炼到 10 页，用接地气的语言把问题讲明白。

"一下看得懂，一次记得住，三个月还在用"，这是编撰培训教材需要遵循的原则之一。除了教材，讲师同样需要灵魂。在公司我们经常会听到有人说想去从事讲师工作，但事实上讲师的工作并非每个人都适合。在选择讲师上，有以下三个侧重点。

其一，讲师自身必须有被培训岗位的相关经验。例如，有些企业在员工晋升评审时，会选择一些非本业务、非本专业的人做评委（只是因为这些人的岗位级别较高），这些评委经常提出一些十分业余的问题，很难对员工业务上的付出进行客观评判。然而，这些评委却掌握着晋升员工的生杀大权，显然是不合理的。同理，培训的讲师也是一样，没有从事相关岗位的经验，就难以令人信服。

其二，讲师的岗位级别最好高出学员一级。

其三，讲师必须在授课前通过岗位考试和讲师认证，这里强调的是讲师的专业性、系统性。

另外，一些幽默风趣的讲师总是会受到学员的追随，在按照教材进行培训的前提下，可以让讲师适当发挥个性化，但也要注意不能完全个性化，完全个性化容易偏离培训目的、教材内核，学员在理解上也容易出现偏差，培训效果就会大打折扣。

培训的分层

销售大类分为前台和中台。在这个分类的前提下，有更为详细的职级分层，从商务拓展到销售经理，从城市经理、客户经理、区域经理、大区经理到全国负责人等。我们不能一套培训教材覆盖所有人，所以很重要的一点在于，培训要因"人"制宜，进行分层培训。比如让擅长宏观、战略的销售一号位去给商务拓展培训销售话术，效果可能不会太好；一号位对应的可以是中、高级管理干部，他可以为管理人员培训战略思维、价值观、职业生涯管理等内容。

通过抽象，我们把销售的培训大致分为三个层级，分别是入门性培训、提高性培训、策略性培训。

首先，入门性培训，主要针对销售团队的新员工，强调的是团队中的执行力。培训的目的是帮助新员工了解团队的目标和宗旨，建立对团队的信任感和归属感，帮助新员工独立完成工作，进行结果交付。培训内容则可以是岗位职责及工作内容，以及具体的销售话术和技巧等。

其次，提高性培训，主要强调的是中、基层干部的业务拆解和团队管理能力。目的是中、基层领导工作能力和工作效率的进一步提升。在进行提高性培训时，培训内容可以是先进销售技巧、管理理念、商业数据分析等，从而帮助员工改进工作方法及流程，进而提升工作效率，提升战役获胜的概率。

最后，策略性培训，主要是针对团队的中、高层干部，目的是提升中、高级销售干部的全局性思维、项目管理能力、心力等。此时的培训项目包括行业发展趋势分析、销售策略制定、人才梯队管理、自身职业发展规划等。

培训的评估

不仅要注重培训过程，培训前、培训后也十分重要。培训前要清楚公司展开培训的目的，调研清楚员工的困惑和诉求，在培训过程中有的放矢。培训后指的是培训评估，它是整个培训实现闭环的最后一环，也是较为关键的一环。培训评估只有正确且有效地进行，才能不断迭代培训的方向和质量。

在培训评估方面，有三点需要重点关注。

其一，询问参训者的直属领导，让其来帮助评估培训效果。具体可在培训完一个月、三个月、半年的三个时段，通过电话或者其他方式对参训者的直属领导进行访谈。注意，这里必须是直属领导，为什么？因为在培训内容对应的能力上，学员有没有提升、改善，有没有达到业务的预期，他的直属领导有着最为直接的感知、观察甚至数据记录。只有询问他，才能得到最直接的反馈。

其二，不用过于重视培训者满意度问卷调查。说起满意度问卷调查，我们要提到一个观点："培训首先是为公司的利益负责，而非为员工现场的开心负责。"这句话看似有点不近人情，但事实如此。为什么？过去，几乎所有的企业在培训后都喜欢做问卷调查，但作用甚小。在培训过程中，笑话、段子多的培训往往特别令人开心、放松，满意度很高，但我们容易忽略一点，培训既不是举办吐槽大会，也不是开兴趣班，它的目的是让员工的思想或技能有所提升。以上这种培训虽然满意度比较高，对公司、员工其实没有什么用。因此，切记避免把培训变成"一群人的狂欢"。

其三，从客户的角度去看培训的效果。这里有人会提出疑问，从客户处了解培训效果有难度，比如学员可能没有权限直接给客户打电话，问其近期在业务上的变化，然后判断是否跟培训有关。这中间的链路太长，缺乏直接的论据。那这是否意味着无法进行评估？不是的。

举个例子。前文提到，对于某公司酒店业务，我们将影响销售客户转化率的因素抽象为"PACEN"，分别对应价格、库存、内容、服务和客户新签。我们的业务会在后台给商户页面的展示内容（content，PECEN 中的"C"）进行打分，同时每个商户都有一个销售对接，在这个销售学习完如何帮助商户提高页面内容展示的课程后，我们可以去看这个销售对接的客户在后台的内容得分是否提升。如果他所负责客户的后台内容能力得到明显提升，说明对这个销售的培训就是有效的，而这相比打电话询问客户链路更为直接有效。

这个案例告诉我们利用好数据和行为之间的关联，可以有效地进行培训评估。这种数据化评估方式使用的前提是销售一号位和培训负责人必须具备较强的数据能力，能够详细了解且能用数据化的形式将业务核心逻辑展现出来，同时这也需要一个团队、一个业务有系统化的数据分析能力。

学员一般分为偏技能型、偏态度型、偏价值观型三种。长期以来我们发现：技能最终会影响业绩，对转化率指标影响较大；态度侧重影响流量，即客户池大小；有人勤奋、态度好，会有很多潜在客户，但勤奋的人最终业绩不一定最好，因为他的业务技能可能达不到。所以，销售培训整体上是系统的，是科学的，它并不是单点进行突破，而是相互之间存在关联。

在现实中，我们也容易观察到一些企业在培训上存在一些误区。一种情况是没有培训或者培训不足。企业中大多数员工对自己的成长是有诉求的，有些人入职后，发现公司对自己的岗位连培训都没有，或者培训质量特别差，导致他不能够快速上手，不能很好地完成公司的相关业绩指标，进而产生消极情绪。还有另一个极端就是培训过多。一个培训，总部、业务部门、城市各讲一遍，不仅消耗了公司的资源，也浪费了学员的时间。我们应当由培训部门从全局统一、合理地安排培训课程，做到错落有致，真正学以致用。

家族式管理，近亲繁殖

为什么要谈家族式管理？每个销售一号位之所以能够成为一号位，肯定是因为过去在企业发展中立下了"战功"，体现了较强的管理和执行能力，同时也培养了一批骁勇善战的人才。这个过程中，其核心下属的视角、思维方式、行为方式天然地会与销售一号位相近。

在本书的开头，我们介绍了业务发展生命周期模型，要想穿越业务发展的四个阶段与周期，就需要根据业务的发展阶段不断调整和迭代销售团队。

如今科技更迭周期越来越短，客户需求、竞争情况、资本环境也在快速发生变化，我们很难保证团队既有的思考方式、行动方式能一直适应每个时期的变动。这时"炸开一个人才口子"就相当重要，从外面引进一些新的优秀人才，用他们不同的"基因"，去做人才的主动"杂交"。

在业务发展的中、后期，销售一号位要主动从外面引进新的核心管理者、参谋、战略分析专家，来帮助业务在外界寻找新的思想和武器。比如在业务第一阶段，销售一号位靠地推赢得了战争胜利；到了第二阶段，有可能电销、大客户销售或渠道变得对组织很重要，这时就需要引入新的人才帮助团队把短板补齐。又比如，过去团队的成功主要是依靠人员的管理，对信息化系统建设不够重视，这时候就需要借助行业先进的工具和人员，来支持团队进行信息化系统的建设，使团队在接下来的业务阶段有更高效的作战武器。

在新人加入团队时，也要注重保护新人的全新视角。比如，很多新人入职前三个月都会表态，说要抓紧学习，融入组织。这时候我往往会强调，你不需要融入，我希望你从一个新人的视角帮忙发现组织中的问题。这时候新人的观点是珍贵的，所以我通常会鼓励新人大胆发言，即便是大家认为不太"靠谱"的观点，也应该受到保护。只有这样，我们才能更容易地识别出那些我们认为正常但是不合理的地方，识别那些"惯性"导致的错误。

"元老"的合理发展观

新人的引入，有时候会遭到团队"元老"的排斥。这主要有两个原因：一是销售一号位对新鲜血液引入的目的未讲清楚，以致有些元老会认为，引进的新人会对其原有地盘和利益进行抢夺；二是没有把"做大蛋糕和分蛋糕"两个事情讲清楚。如果元老没有认可新人的引入是为了弥补组织的短板，是为了将蛋糕做大（蛋糕做大了，每人分的那一块才有更大价值，这就如同股数和股价的关系），那么就很有可能引发冲突，让组织遭受损害，让销售一号位很难办。

在企业管理中，什么样的分配逻辑是科学的、理性的？我们知道，一个人的价值只有在一个更有价值的业务中才能体现出来。同样是1%的股份，同样是销售一号位，在市值1亿美元和1000亿美元的公司中，会有1000倍左右的差异。因此对一个非创始人的管理者来讲，最理性的方案之一是全力奋斗，先将公司的价值做大，并且分得合理的份额。

个人的长期经济价值，是公司的市值乘以个人拥有的股权比例。薪酬中的现金部分主要是用来维持基本的生活。因此，个人提高经济价值有几种做法，排在首位的便是不断地成长为更重要的角色，尽可能地扩大个人的现金部分。但所有人都明白，现金部分不可能无休止地上涨，它有天花板。而公司的价值相对更容易拥有杠杆效应，所以提升公司的价值其实事关每一个员工的切身利益。一家公司的价值是由客户来决定的，公司只有更好地满足客户的需求，其核心业务才会发展壮大，才更有可能放大个人持有的股权的价值。

一般情况下，越早入职的员工获得的期权越多，但随着公司业务的发展，部分元老的能力可能跟不上业务的发展。这个时候，对他们来说，合理的发展观之一可能是让位子，拿收益——将自己不胜任的位子让给优秀的人才，支持优秀人才一起将公司做大做强，自己收获更大的期权、股权的经济利益变现，而不是更多关心自己位置的得失，最后落得一个双输的境地。

英雄往往以集体的形式出现。在好的职场关系里，大家都去发展增量利益，相互成就，这是有智慧有格局的想法。也就是前文我们提到的，让标杆能力变成每个人的平均能力，团队能力就整体上升了。最糟糕的情况是所有人在一个不发展的存量利益中钩心斗角，相互拆台，这种结局往往就是"团灭"。这是极其错误的非理性发展观。

职场具有流动性，一个人的经济价值，不仅仅是指在一家公司称重衡量，也需要放在整个社会去体现。一个人能力越强，对整个就业市场来说价值就越大。可以说，一个人越是能够从人才交流中汲取能量，让自己更强大，他在整个社会的称重也会越大。

人才的属性也可以分为"德"和"才"。在一些例如财务、采购、监察等重要岗位上可以使用一些德行非常高的人，也就是在过往工作中证明过自己信誉的"老人"，对业务的发展也大有裨益。

新入人才 10% ～ 20% 为黄金比例

引入新鲜血液进行人才的交流融合，也需要掌握合适的比例，过多和过少都不合适。引进太多，容易让整个团队本身的价值观或者团队文化受到过大冲击，失去稳定性；不引进或者引进太少，组织容易僵化，所以需要有"度"的拿捏。针对中、高级管理者，每年进行 10% ～ 20% 的交流融合是较为合适的。

也许有人会问：引进人才要基于什么呢？答案就是：对于团队能力的查缺补漏，以及对于未来的预测。我们提到销售一号位需要观察在下一个周期里 PEST（政策、经济、社会和技术）的因素是否发生变化，以此判断业务重心有无调整，团队的现状是否有缺陷，基于这些判断来确定引进什么样的人才。

短期之内引进的新人过多，容易导致团队的震荡。更重要的是，大量的新人进来之后，思想、方法论、新老团队之间的配合和信任无法快速地统一，难以形成合力。如果是大量引入高级人才，CEO 应该作为总指挥，在第一时间对大家进行思想、目标上的统一，保证大家的作战目标的一致性。这种高级人才的思想统一不能由 HR 部门来负责，必须由 CEO 亲自担任教官角色。

不能文武双全

什么叫销售中的"武"？什么叫销售中的"文"？简单来说，"武"是指在组织里能够处理具体的事情，并且拿到结果，更强调执行力；"文"则是指能在销售中台建章立制，能够透过现象抽象出本质并进行演绎，完善整个销售体系，更强调思考和抽象能力。据观察，销售一号位80%是从"武将"上升而来的，20%是从"文官"晋升的。能做到"文武双全"的人相对比较少。

"武将"的上升有一种典型的路径，比如从商务拓展开始，有了销售业绩后升为销售经理，此后慢慢地当了城市经理、大区经理。在这个过程中，他们具备了以下几个能力：能够快速地识别出某个市场的特点，清楚自己该招什么样的人，并且能统帅这部分人，通过销售导向拿到结果，并且能在和其他大型团队的竞争中胜出。

"文官"的典型成长路径是在销售中台负责销售运营、销售培训、数据分析或者绩效考核中的某个模块，逐渐成为整个销售中台的负责人。他们能够从全国的各种客户类型和销售案例中快速地抽象出一些特征，然后建章立制，用以指导员工的业务动作，规避一些不能做的事和"坑"，从而促进业务的发展。

要找文武能力都很均衡的销售一号位，非常困难，因为这种画像的人才在市场上非常稀缺。很多从"武将"上来的销售干部不认为销售是一门科学和艺术的混合体，不讲究科学性，更关注短期的实用性，缺乏主动学习"文"的意识；另外，市面上能够科学、系统地讲解销售管理的书也不多，一些有学习"文"的意识的"武将"也得不到科学的指导。能"武"不能"文"会导致一个后果，即容易对实践经验有惯性依赖，不能主动学习更好、更系统化的销售管理方法，缺乏理论的滋养，不能主动地去提升自己的水平，体现为"经验主义"。

而能"文"不能"武"的人则对业务的体感较差。比如有的人市场分析洋洋洒洒，看起来很符合数学逻辑，但就是不符合商业直觉。这就是因为缺乏实战经验，造成业务体感缺乏。

"文武偏科"如何解决

我们应该怎么去解决文武不能双全的问题？对想成为一号位的人来说，未来的职业生涯要注重二者兼修。特别是处在职业生涯的初期，"文、武"还未有定论，未来的职业生涯还很长，尽早了解未来岗位的能力要求，提前进行准备就显得更加重要。

刚毕业那几年，我依靠勤奋和较好的态度，拼命地拜访客户，也获得了一些成绩；并且很幸运，在我进入职场不久，就得到了很有价值的知识输入。当时美国 Monster 公司是全球最大的在线招聘公司，其销售 SVP（高级副总裁）来到我所在的公司进行经验分享。在那短短的一个小时里，我听到了很多之前没有接触过的关于销售的科学理论体系，比如 CRM 客户管理、客户分层、客户生命周期管理，以及电销、地推、关键客户之间的关系等。

这一次授课打开了我的视野,此后我开始积极地购买国外一些关于销售系统管理、运营管理、团队管理的书,系统地学习了科学的销售理论体系。有了理论支持后又在销售岗位进行实践,逐渐摸索出一套适合自己的销售管理理论。这种实践与理论相结合的方式能帮助你成为销售一号位。

另一种不同的路径是,毕业后从事销售运营,后来发现自己的一线经验不够,主动去一线锻炼 5 年或者 10 年,这样也可以成长为一号位。这两种路径,无论哪种都可以弥补自己另一方面的不足。

要做到"文武双全",过程很艰辛,需要持续地付出和痛苦地舍弃。从"武"的人,反馈链条比较短,业务行为很快就可以体现在事情的结果和收入上。很多"武将"比较享受这种快速回馈带来的即时满足感,这也使他们缺乏从"文"的动机。另一方面,从"武"到"文"确实非常艰难,反应迅速、执行力强这些做"武将"的优点恰恰会成为从"文"的障碍,从"武"到"文"不仅仅是努力就可以完成的,它的跃迁不是平滑地变化,而是在思维方式和行为方式上发生巨大的调整。

例如我曾在某公司培训过的一个下属。当时他是一个大区的销售负责人,我希望他来公司总部进行"文"的锻炼,我给他打了 8 次电话,他不愿意来。作为"武将",他在当地待得很舒服,收入不少,下属也很拥护他,比较有成就感,是"一方诸侯"。来总部做管理者,就要做一些自己不擅长的事情,甚至会常常受到总部领导批评，毕竟没有人愿意主动去暴露自己的缺点。经过多次劝说，他终于来了，经过两年时间的磨炼，他也实现了"文"的跨越，现在已经成为该业务的销售一号位。我的这个下属跨过了这条巨大的鸿沟，但实际工作中这样的成功案例并不多。

反过来，从"文官"到"武将"也不容易。销售中台的工作更偏案头，更需要周密的思考、细致的测算、犀利的策略，甚至还得协助一号位做预算、要资源。二者之间的工作内容、沟通对象和沟通方式都有很大的差异。这会使"文官"很难真正融入一线的销售团队。

在"文"和"武"之间破局很难，很多人折在这一点上。据我观察，从"武"到"文"的成功率大概为20%。很多人放弃了，这导致了现在中国"文武双全"的一号位非常稀缺。这也是我写这本书的原因之一，希望帮助销售人员对自己的职业生涯有更科学的了解和规划。

除了让销售一号位"文武双全"，提高销售一号位能力的另一种方法是"搭班子"，也就是可以对一号位进行能力补位，比如给"武"将出身的一号位身边配两个"文"将。没有完美的个人，只有完美的团队。

如果公司中没有文武双全的销售一号位，但是必须选一个人，那么是"武将"好，还是"文官"好？根据不同公司的不同业务阶段、不同的业务特点，答案是不一样的（见图4-1）。如果单位客户价值高，销售目标紧迫性也高，选"武将"比较合适；反过来单位客户价值低，目标紧迫性不高，业务强调中长期建设，强调中台能力的长期储备，那就以"文"为主，在这个过程中锻炼其"武"的能力。

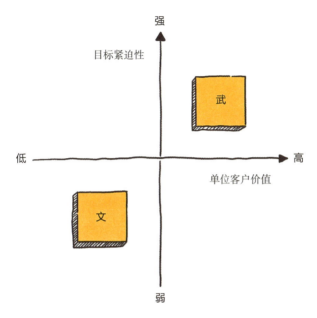

图 4-1　销售一号位"文""武"选择

把自己降级使用

降级使用的意思是做了原本应该下属做的事。可分为两种情况：第一，直接下场去做下属该做的事；第二，跨级去管理下属的下属。出现这两种情况有主动、偏主动和被动三种原因：一是一号位出于性格特点或不安全感喜欢自己去做一些细节的事；二是销售一号位觉得下属的能力不能胜任，或者遇到了特别重要且紧急的事情，不得不去这么做；三是岗位缺编，没有合适的人。后两种属于偶尔的降级使用，是非持续性的。

对个人而言，把自己降级使用容易导致整体业绩目标的长期失败。人的时间、精力有限，销售一号位若去管理细节，关注宏观和大局的时间就会减少，其视野、格局就得不到修炼和提升。既影响业务的长期发展，也会限制个人的进一步发展，最后导致上级和公司都对他不满意。

对下属而言，这种状况容易让他们失去价值感，得不到成长。有时下级的某些工作可能做得不太好，销售一号位于是进行越级管理，自己上手，这样下级很难形成清晰的职业发展规划和安全感，夹在销售一号位和下属中间基本上起不到应该起的作用，只能成为传话筒，长期能力也就得不到提升，最后可能会流失。另外，下属的下属也会很无奈，他很难面对两个或者多个领导的汇报关系，甚至还得在两位领导之间平衡和周全。

公司层面上，这会导致公司无法长期健康发展。

怎么避免长期把自己降级使用？

首先，要摈弃认知的误区——觉得自我降级使用是好事，是自己勤勉的表现。销售一号位先得有正确的工作理念，各级做各级应该做的事，把自己的时间、精力分配在对的地方；然后基于正确的时间分配，逐渐修炼正确的工作能力。把时间花在哪里，就会相应得到什么。如战略思维、策略制定、团队搭建、团队制度建设、销售系统建设等，才是销售一号位应该花时间的地方。

其次，销售一号位需要花时间去面试、去培训。通过面试把空岗的人招聘到位，通过培训把下属培养到能够胜任该岗位的状态，逐渐地把自己释放出来。让下属拥有他本应该拥有的技能，逼着自己从长期主动的降级中脱离出来。

最后，员工如果碰到了这种降级使用的领导，应该怎么办？说实话，确实特别难办，不过可以尝试以下两种解决方法。一是在上级干涉不是特别多的情况下，如果取得了成功和进步，及时跟上级沟通，感谢他给了自己展示才能的机会，通过正向反馈加强领导的正确行为，这种行为有时候会有效果。但是对于因性格特点而喜欢把自己长期降级使用的领导，这大概率收效甚微。这时就用第二种方法，也是我写这本书的原因之一：我们需要让管理者主动发现问题所在，知道什么是正确的行为。但如果这种问题长期无法解决，下属就只能主动换个领导了。

把情商当作提升重点

不仅是销售领域，甚至在社会的认知中，很多人认为销售最大的核心竞争力是"情商高"，但我认为做销售一号位，最不需要的就是情商，因为情商是一个很难被描述和精确定义的概念。

什么是情商？在过往的网络传播中，很多人将其总结描述为：会来事，与之相处舒服，交谈让别人很愉悦，会察言观色。但"情商"恰恰是销售一号位最不需要关心的一个能力，它既不重要也很低廉。

销售一号位最重要的是站在客户的角度考虑问题，这包含了对外的客户，对内的上级、下属。不同的行业、产品以及客户中不同的决策者，每个人的想法可能都不一样，因此我们需要去衡量不同角色的需求，并且用产品和制度让他们的需求得到满足，最终促进业务发展。因此，以客户为中心才是销售一号位的准绳。

与所谓的"情商"相比，追求真理是持久又非常昂贵的品质。所谓"情商高"的人往往是短期的受益者和长期的受害者。比如，很多所谓情商高的人每次在和上级交流时，总是察言观色，试图每次交流都让上级很愉悦。然而，这可能意味着他没有立场，毕竟不可能每次的立场都和上级一致；也意味着他没有基于"以客户为中心"深刻地思考、稳定地推进工作；更表明他不敢基于这样的立场和上级进行深度的思辨，产生高价值的输出。

以客户为中心，在过程中始终求真，刚开始周遭人可能会觉得不舒服，会觉得你没有"情商"，但这些不重要，路遥知马力，大家最终会发现你真实、客观、稳定，且能够保障业务的发展。如果所有人都以让对方舒服为准绳，回避客户的问题，最终的结局也只有"团灭"。

因此在漫长的岁月和复杂的社会发展中，"情商高"一定是我们对销售从业者最大的误区。销售一号位最重要的是以客户为中心，明确客户是谁，有什么需求，拿出一套对应的解决方案，并且在过程中做到始终求真。这是一个销售一号位能够屹立不倒的法宝。

附录　老 K 分享实录

销售中的几种关系 [①]

销售和业务的关系

销售和业务的关系反映出供应链团队为什么存在。销售团队之所以存在是因为它要服务于业务，服务商家，帮业务发展得更好，帮业务拿到更好的结果。但是，在不同业务的不同生命周期，销售的价值不一样。我们把业务分成四个阶段，分别是探索期、进攻期、发展期和变革期。

探索期：主要是通过 PM（产品经理）、BA（商业分析）等去探索客户需求的本质，并且用合适的产品形态把它体现出来，然后小规模试点，可能是一个城市，可能是一个商圈，也可能是

---

① 本文修改自"美团销售大咖秀"002 期，结合公司业务发展分享了销售与各个层面的关系，适于销售管理岗位的员工［尤其是 MO（市场营销官）、销售经理等一线管理者、新晋管理者］学习。

一个"蜂窝"，最后把它的模型打磨出来。在这个阶段，销售团队不需要太大的规模，它只是来做商业模式验证的。

进攻期：进攻期的核心诉求就是快速提升市场占有率。请注意，这个时候，销售团队的规模可能会有快速扩大。无论是美团早期的团购业务，还是后期的外卖业务、住宿业务，都经历了这样一个进攻的阶段。这个阶段就需要销售团队以合适的形式（可能是电销，可能是地面销售，也可能是大客户销售）、合适的组织架构进行。它可能是按照"战区"来划分的，也可能是按照大区来划分的，销售团队需要集中力量迅速拿到更高的市场占有率。

发展期：到了这个阶段，销售团队的规模可能不会有太多提升，甚至还有所缩减。这个时候销售团队的核心作用有两个：一方面，与市场上仍然可能存在的新增的商家签约；另一方面，做好已签约商家的运营服务，进一步提升销售的工作效率，通过更先进的 CRM 系统（在美团，这里的客户是指商家）、呼叫中心、作战指挥系统，提升劳动生产率，提升各项财务指标。这个时候销售团队的主要价值在于运营老客户，提升老客户的价值，并且继续签约一些新增的商家。但重要的是，要提升劳动生产率，关注各项财务指标。

变革期：变革期的特点是发展期原有的产品形态并存，但同时也要开始去探索第二条增长曲线。在这个阶段，负责原有产品发展期的销售团队，仍然要以提升效率为主要工作方向；负责探索第二条增长曲线的小规模销售团队，可能就会转向探索期，因此要去建模，要去试点。一旦新的产品试验成功，将会很快地把新的产品形态叠加在原有的销售团队上面，或者是重新建一支销售团队。这要根据新产品的能力是不是能够和原有的产品能力进行复用、是不是相同的客户来决定。如果是相同的产品形态，可以叠加使用，比如销售既可以负责以交易为主的CPS（cost per sales，通过实际的销售量进行收费）业务，也可以负责以广告为主的CPC（cost per click，每点击成本，即以每次点击为单位计费，一般是24小时内不重复IP点击一次的成本）业务。但是如果增加了一个新的能力无法复用的业务或者产品形态，可能就需要独立建设一个销售团队。

不同销售组织和业务生命周期的关系

我们的销售组织有很多种划分方法，其中以作战类型划分，可以分为直销和渠道两种。根据商家的密度、商家的价值、商家的特点，直销又可以分为电销、大客户销售和面销等几种方式。美团的很多业务最初都是以服务中小商家起步的，无论是外卖业务、到餐（到店餐饮）业务还是酒旅业务都是如此。这个时候，我们通常采取电销或者地面销售的方式，这要根据商家的密度来区分，比如在北京、上海这样的一线城市，商家密度足够高，采取面销的方式是更高效的。但是在像四、五线城市或者两千多个县城，可能要采取电销的方式，因为它能够达到效率和效果的平衡。

随着业务的不断发展，平台的力量不断强大，这个时候我们就进入了一个新的生命周期，比如在发展期或者是进攻期的末期，需要吸引一些头部商家，可能是国内知名的连锁集团，也可能是国际知名的连锁集团。针对这样的头部品牌商家，我们就需要单独设立一套新的销售组织，可能是大客户销售。为什么要组织大客户销售呢？是因为这些商家的经营水平、管理架构和原有的中小商家是不一样的，它可能包含了国际、国内、大区、城市、门店五层的组织架构，需要我们精通这个行业内在的经营本质，拥有比较好的多语言能力。到了后期，我们为了进一步提升我自身效率，可能需要在商家密度比较小的地方，比较偏远的一些地区，采取代理的模式，因为他们可能会帮我们以较低的投入拿到合适的回报。

销售团队存在的价值是服务好客户。我们采取什么样的销售组织形式，其实是和商家的密度、特点、价值息息相关的。业务蓬勃发展的一个特点是商家分层，当商家开始分层的时候，我们的销售团队、销售组织也需要分层。二者之间的关联关系就是如此。

销售实践和销售理论的关系

理论来自实践，来自对实践的归纳。但是如果我们能够把归纳来的理论进行抽象，进行验证，就可以进行演绎，就可以大致预判未来事物发展的轨迹。

也就是说，我们的理论来自实践，再经过我们的抽象、归纳、演绎，最后又会指导我们的实践。今天之所以强调理论和实践相结合，是因为很多销售干部比较重视实践，但是不太关注理论的学习，或者说在理论学习上不太有方法。如果销售干部对未来是有高要求的，想要做长期发展，就需要进行理论的学习。我们要站在巨人的肩膀上去发展。

关于销售理论，有一些不错的教程，包括销售制度的建设、销售团队的管理、销售运营总部的建设、销售系统的建设、销售干部的发展等各个维度。我们之前的很多困惑，如果只在实践中去摸索、去解决，会很慢，甚至没有办法得到很好的答案，从而会使我们的认知水平有局限。但是如果有了理论的系统化的学习，反过来可以指导我们的实践，帮助我们的销售团队干部站得更高，看得更远，从而形成系统的方法论，就能打造一个有谋有勇的团队。《孙子兵法》里很早就对将提出了五个要求，智、信、仁、勇、严。第一个就是智，智指的就是谋略，谋略是有方法论的。因此，我们必须加强对理论的学习，并通过实践进行验证。理论和实践的双向学习、验证，会让我们走得更远。

总部和地方的关系

对于销售团队中、高级干部的长期成长，有两个问题需要解决：一是地方和总部的关系，二是销售团队和其他部门的关系。

这里我先讲第一个问题。美团目前的销售团队整体可以分为两部分：一部分是在各个城市、各个大区，直接和客户进行接触的，或者直接管理商务拓展的干部；另一部分是在总部做销售培训、销售运营、销售制度建设或者销售监察以及销售系统建设的。这时人如果想有长期发展，想成为销售团队的一把手，就需要对整个销售团队里外上下都有所了解。在一线带兵打仗的销售干部往往更懂人的管理，更懂客户的直接需求，但往往也有两个问题——不能站在全国的视角去看一盘棋，不太具备抽象客户需求的意识和能力。我对这样的销售团队干部的建议是要能上能下，上下指的不是职位的上下，而是说一线的销售管理干部要到总部的销售职能团队来，去做一下销售运营、销售培训、销售制度的建设，开阔一下视野，看看如何站在全国视角去看待问题；总部销售职能部门的同事也要到地方去锻炼下，去接接地气，看看客户真正的需求是什么，一线销售团队的难处是什么。

销售类型与混合作战的关系

销售团队的类型较多，不同的类型适合不同的作战方式。举个例子，美团早期的销售团队是负责多业务的，一个商务拓展站在一个十字路口，周围有很多商家，商家密度很高，这个时候的产品形态是团购，相对比较简单，商务拓展只需要把这个十字路口周围的所有商家都签下来，难度不太大，效率又很高，所以应采取高效的面销形式。但是，随着业务的不断发展，美团出现了像外卖、预订这类更加闭环的业务，这个时候就需要销售团队更加了解这个行业的特点；后期美团又出现了像 SaaS、快驴这样的 to B 业务，更需要销售团队对商家的经营层面、费用控制层面都有更深入的了解。

然而，当面对处在边远的郊区或者地县城市的商家时，如果再在当地建销售团队，管理成本是非常高的，这个时候就要采取电销方式或者渠道方式来提升效率，降低成本，拿到合理的结果。前文我谈到了，随着平台的强大，吸引力更强，会吸引一些头部商家进来，对于一个合格的中、高级管理者来讲，需要有能力去评估在什么样的阶段、什么样的战场上，如何灵活地将几种模式组合起来，达到效果和效率的均衡，既能够服务好商家，又能够合理地控制销售团队的规模，控制成本，做到以客户为中心的同时兼顾效率。

销售"武器"和日常作战的关系

随着信息技术的不断提升，我们可以将一个单兵的作战能力提升到过去的 20 倍以上。一个典型的未来的销售团队的商务拓展，需要向"超级战士"进化，但核心在于武器的打造。以美团为例。从最开始销售团队的 MOMA［meituan operational mobile app，美团商家关系管理移动版（CRM 移动版），服务于商务拓展外部商家、管理商户信息的移动端应用］系统到后来的比如天狼系统等，都从签约拜访的以客户关系为中心的管理模式，进化到了以客户经营为核心的管理模式。美团现在的系统可以支持商务拓展，告诉商务拓展：今天你应该去拜访什么样的商家，拜访时应采用电销还是面访的方式，你应该如何规划打电话的顺序以及拜访的路径，同时你应该和商家去沟通什么样的问题（这些问题在美团的后台中已经体现出来了，可能是合作签约，可能是价格，可能是库存，也可能是促销，还可能是服务上的问题）；沟通完之后，是不是达到了预期的结果后期也会在交易和信息上进行提示，这样就能形成一个闭环。

商务拓展在这样先进的系统的赋能下，就知道应该优先沟通哪些商家，以什么样的方式沟通，沟通哪些问题，沟通之后问题有没有得到解决，形成这样的闭环路径。以美团住宿销售团队为例。在过去几年里，销售团队的规模基本上没有发生变化，劳动生产率却提升了5倍，这充分证明了科学技术是第一生产力。商务拓展既要有很强的个人素质，不断参与培训，同时也要配备先进的武器作为辅助，这样才能事半功倍。

美团也将打通整个公司所有业务的好的作战武器，进行相互分享和借鉴，争取为全公司所有销售团队都打造一个好用、易用、有价值的作战武器。

销售团队与跨职能团队协同的关系

销售团队和其他部门的配合，比如产品、商业分析、客户服务、人力资源等，各个团队都在不同的角度和层面来保障业务又快又稳的健康发展。大家的视角不同，有些时候看法自然会不同，甚至会出现激烈碰撞。如果只站在自己一个部门的利益或者角度，有些时候看待问题是不全面的，是比较狭隘的。这个时候就需要把自己固有的想法"悬挂"一下，看一看其他部门提出这样的问题到底是因为什么。销售团队有个特点，他们往往想比较快地拿到结果，雷厉风行，这个特点要保持下去。但是有些时候，全国的政策，产品的迭代，人事政策的迭代是要稳健的，销售团队负责人需要了解不同部门的思考方式和销售团队的差异性，这样才能站在更高的角度全面看待业务和销售团队与其他部门的关系，为下一个阶段成为业务一号位打下坚实的基础。

个体与整体的关系

正如第六章所述，在这个世界上，我们要弄明白三个问题——我喜欢什么，我擅长什么，这个世界和社会需要什么。当我们弄明白了这三个问题就知道，我们喜欢的、我们擅长的和这个世界需要的之间，并不一定完全匹配。有些时候你的爱好可能是摄影，但是真正擅长的可能是与别人交流，而这个社会或者商家需要的是你帮他带来订单，组织需要的是你能够帮助商家长期发展，在平台上越来越健壮。因此，这三个问题有些时候并不完全一致，甚至是冲突的。

为什么要把个人和组织的关系拿出来讲一下呢？我们生活在这个组织里面，如果想在这个组织里有长期发展，同时想让这个组织变得更好，就需要了解这个组织的特点、使命、价值观，然后把自己的优势和劣势搞清楚。我们的职业生涯大概有45年，可以分成三个阶段，每个阶段平均15年。前30年两个阶段主要是在企业里完成：第一个15年主要是探索你所擅长的，同时弥补一些致命的短板，比如说不守时、不诚信；到了第二个阶段，这15年主要是发挥自己的长处，有些人可能擅长执行，有些人可能擅长谋略，有些人则比较幸运，已经成了综合的管理者。最后一个15年可以不在企业里完成，你可以发挥自身的影响力，比如去大学当个教授，做一个投资顾问，继续向社会贡献你的能量。

所以，我们必须得了解美团这样一个组织有什么特点。美团是一家崇尚以科学技术追求真理的公司，是一家以客户为中心的公司，是一家长期有耐心的公司，是一家需要韧性和要性[①]的销售组织的公司。如果你个人的特点和这家公司的要求不相符或者违背，可能这家公司并不是你最好的选择。同样，你如果想在这个组织里长期发展，就需要在价值观上与这个组织保持一脉相承。

另外，随着公司规模的扩大，以及市场的迅速变化，组织非常需要大家积极地献言献策，讲真话，敢于把看到的一些问题、组织上不合理的事情提出来，帮助组织不断进化和迭代。

这里有两个问题我想和大家分享一下。第一个：你如何发现自己的特长？对此，我认为比较好的回答是：如果做一件事情你

---

① 要性是指对一件事的渴求程度。——编者注

从来不会感到厌倦并且做得比较好，那么这样的事情就是你擅长的。第二个：出现冲突怎么办？我们在职业生涯中会面临很多选择，对那些一定对和一定错的事情，很容易分清楚，但是纠结的事情有时候很难分清楚。这个时候怎么选择？有一个非常好的方法是，当你感到迷茫的时候，一定要选择对你长期有利的事情，不要过分关注短期得失。这样，你就会成为长期主义者，取得长期的大进步。

中高阶管理干部和项目的关系

市场上有图书比较清晰地规划出了我们从管理自我到管理他人，到管理管理者，管理职能部门，管理一个业务，管理一个事业部，到管理一家公司的职业发展通道。同样，我也发现，有很多销售团队的管理干部是非常有梦想的，他们希望在未来能更好，希望自己能够成为一个综合性的管理者。但是组织里面业务一号位的"坑位"（名额）有限，他们缺乏机会去开阔自己的眼界，提升自己多职能的能力。我们怎么样能够满足这些干部的成长诉求呢？同样，怎么能为组织培养若干个未来有可能成为综合管理干部的苗子呢？我们发现项目制是一个很好的方法。我们可以选派一些优秀的销售管理干部，让他们领导一些变革性的项目。这个项目的团队包括销售团队、产品团队、运营团队、商业分析团队和服务团队等。

通过这样的项目的管理和历练，很多中、高级销售管理者开阔了视野，了解到其他部门和自身完全不同的思维方式和工作方式，看到更广阔的世界。那么，当他回去再进行销售团队管理的时候，他的高度就不一样了，眼界更开阔，武器更多样。过去很多在一线工作的管理干部，更强调、重视人的管理。当他有机会领导一个项目之后，他会更重视制度的建设和武器的打造。当他能够参与一个有重大意义的项目时，我们会发现，这个销售团队的干部能逐渐成为一个懂团队管理、懂制度建设、懂科技建设的综合性干部。这样的干部未来就有可能成为业务一号位的接班人。无论是在美团还是在其他公司，这对他个人的长期发展都是很有帮助的。

所以说，项目制是在公司现有业务一号位"坑位"有限情况下的有益补充，既能提升销售管理干部的综合能力，也能筛选、培养下一个 10 年对公司有利的综合性管理干部的苗子。

销售管理的中观策略 [①]

本文主要讨论三个问题：第一，什么是"中观"，包括业务战略、销售策略和销售目标的关系，定策略有哪些方法论；第二，销售策略怎么制定，销售目标怎么定，销售的组织架构怎么构

---

① 本文修改自美团"中坚力量销售 FM 培训"第三期。

建；第三，如何反向管理上级，如何横向与同事协作，如何对下管理，以及如何自我修养，包括心力、智力、体力怎么修炼。

如何理解"中观"

中观是宏观的拆解，也是微观的抽象。这个概念是一次我们参加美团内部晋升答辩时产生的。评审完之后，美团创始人王慧文感觉产品的同事存在一些明显的能力短板，很多产品经理习惯先讲政策变化、经济变化、社会变化、科技变化，然后讲他现在干的事。我就和王慧文说，我感觉他们"中观"不足。

什么叫中观不足？就是没有"腰"。我们期待产品经理分析完宏观之后，有一个中观的结论，也就是基于这些科技变化、经济变化、社会变化乃至行业变化的分析，他看到了哪些机会？看到了哪些风险？这些机会和风险对我们的产品工作、销售工作有什么启发？

这些就是所谓的"对宏观的解读"，而且这种解读是有价值的——如果你是产品负责人，基于这些宏观信息，你有什么判断和拆解？这和你下一步的具体工作有什么关联？然而，很多产品负责人都是把 PEST 分析了一圈，结果最后该干什么干什么。

中观，其实可以理解为平时具体工作的一个指引，是帮助我们发现大机会的智慧源泉。水平高的人能从宏观的信息里解读出有价值的中观策略，并用它来指导日常微观的战术。

业务战略、销售策略与销售目标的关系

第一，业务战略。我对战略的理解就是站在业务层面，发现大机会、把握大机会。简而言之，战略就是做什么、不做什么，先做什么、后做什么。当年的团购，美团主要先做二、三、四、五线市场，后做一线城市；酒店也是先做了三、四、五线的低价酒店，再做一线的低价酒店，最后做一、二线的高星酒店；外卖也是先做校园市场，后进入白领市场。所以说，每个业务做什么、不做什么，先做什么、后做什么，都是业务战略最核心的问题。

第二，销售策略。在英文里战略和策略是一个词，这里我们分开看，我们先定义业务叫战略，职能叫策略，否则容易混淆。策略首先是基于战略的分解，保证战略的落地，拿到结果，是销售部门存在的正当性和前提。举个例子，当时美团在发展低星酒店的时候，商家后台显示中有一个非常重要的特点就是"字号大"，大家都知道在做设计的时候一般要求字要优雅一点、美观一些，但是在做低星酒店的时候美观不重要，重要的是字大。这是因为我们发现低星酒店的电脑是放在前台桌子下方的，前台工作人员离显示器比较远，字小了他看不见，字大了才能看清楚。所以当时我们在广泛研究了商家环境之后，选择用更大的字号，最终得到了商家的广泛好评。紧接着是销售策略，就是要勤拜访。高星酒店有些时候是不需要销售那么勤奋地拜访的，但当时很多低星商家对网络营销不太了解，需要销售手把手教他们，见到销售人员他们觉得温暖，能够增强信任。因此，基于不同的业务战

略，服务三、四、五线城市的低星酒店时，就需要建立一个看起来不是那么洋气，但是勤奋、温暖的销售团队。

第三，销售目标。整体目标要与业务战略之下的销售策略相匹配。假如说今年的核心目标是提升 20% 的市场占有率，那我们就要进行分解，需要做什么样的销售分层，人员编制要增加多少，每个人要达到什么样的人效，采取什么样的组织形态——是电销，是地面，还是大客户销售，还是渠道。

定策略的方法论

发现大机会

我们做业务的或者做管理的人，最幸福的事情就是发现大机会，把握住大机会。大机会不常有，但必然有。但机会在哪儿？面对机会怎么定战略？怎么抽象战略方法论？我在美团前后管过四五个业务，反复研究以下五方面并实践：怎么创建一个业务？怎么接手一个二手业务？怎么领导好一个变革期的业务？怎么能够投资好一家公司？怎么能管理好一家公司？我一直在想怎么从中抽象和形成方法论。

最重要的是先看一看人的基本需求。所有的机会都藏在人的基本需求里面。人的基本需求相对稳定，大概十个字，"衣食住行信，医教娱金美"。"衣食住行"不用说，"信"是通信，无论是我们过去的电话（固定电话、移动电话），还是现在的微信，都是大机会。然后是娱乐、教育、医疗、金融，这个"美"单独提出来，指的是不仅仅要活着，还要活得更好。

有人问我一个业务怎么做策略，重中之重是选好业务。有些业务你干十年也没用，不要为死树浇水，人也一样，不要在死业务上拼命，没有用。选择比努力更重要，不要在没有价值的事情上天天做功，而要选大事。

PEST 模型

PEST 指的是政策、经济、社会、科技四个要素，这四个要素是变量。当"衣食住行信，医教娱金美"的稳定需求和"PEST"变量产生交集的时候，大的商业变化就发生了，当然这个变化可能是正向的，也可能是负向的。比如，移动互联网的 LBS 技术加速了外卖（吃）、网约车（行）等有定位需求业务的蓬勃发展，4G/5G 促进了短视频（娱）业务的快速发展，锂电池助力新能源汽车（行）跨越发展。

这种情况在我们的生活、工作中比比皆是。谁能更早地预测到、看到、想清楚、做到，就能更早地规避风险，把握机遇。用美团创始人王兴的话讲，我们要看懂过去、看清现在、看见未来。

以客户为中心 vs 以竞争为中心

另外就是以客户为中心还是以竞争为中心。短期适当关注竞争，可以获得小胜；长期务必以客户为中心，才能产生长久的社会价值，产生较大的商业价值。

以酒店业务为例

美团的酒店业务做了几次大的销售策略调整。

第一个变化也是最重要的一个调整，是基于产品变化的销售策略变化。最开始酒店是做团购产品，我来了美团之后和陈亮（美团原高级副总裁）讨论决定从团购向预订产品转变。因为产品变了，销售就从商务拓展为主变成商务拓展＋运营了。区别于其他业务，酒店的价格和库存都是在不断变化的，平均每个酒店有 7 个房型，每个房型一天会变 2 次价格，我们需要关注它未来三天的价格变化，这是酒店预订业务和其他业务不同的地方。其他业务的价格不会变化这么快，比如到餐、外卖、医美等。另外，酒店的库存具有时效性，每天 100 间房，如果多卖 1 间，消费者到了酒店就没房，就没法入住，不像吃饭，不行等一会儿，酒店入住不能等一夜。商家有100间房，如果只卖了80间，他就亏了。因此，酒店业务的核心是库存和入住率，需要在 OCC（入住率）和 ADR（已售客房平均房价）之间求平衡。所以，预订产品能够满足这个需求，即确定房态和锁定价格，团购产品无法满足。

第二个变化是基于客户分层的变化。酒店不是以大区来管理的，是以战区来管理的，上来第一刀切的不是大区，而是中小客户、大客户和高星客户等不同的客户类型。这个变化对当时整个销售团队建设、销售系统建设、数据产品建设，带来了不小的挑战。

第三个变化是基于我们对服务体系重视产生的销售体系的变化。过去很多销售自然地更倾向于 B 端，因为他们天天和 B 端打交道，对 C 端消费者的诉求感受不强烈，以客户为中心更多只是挂在嘴上。2018 年出了一些服务相关的事情之后，酒店商务拓展就开始把相关的服务指标加进去，比如到店无房、发票、过期退款等，让销售开始兼顾 B 端和 C 端利益平衡。

第四个变化是流量驱动带来的销售策略的变化。在 2020 年之前，我们的商务拓展不负责流量，只负责采购。流量由我们的增长部门、运营部门负责，或者是等着外卖业务做得更大来抱大腿，这种情况是比较常见的。某年，美团酒店业务的同比增速已经降到了 20% 左右，属于低增长，公司的流量不可能天天往酒店倒，这时就需要销售自己找流量了。经过集思广益，他们找到了线下比较高效的大规模的流量汇聚方式，商务拓展开始承担一些获得流量的战略任务，促进业务新一轮的高速发展。总结一下，大概经历了四个阶段，分别是产品驱动、客户分层驱动、服务驱动和流量驱动。在不同的驱动期，也相应地形成了不同的销售策略。

销售策略

销售策略取决于三个关系

业务生命周期

探索期：核心目的是验证商业模式，弄清楚客户价值，初步建设核心能力。这是此阶段核心的商业目的，无论是团购、外卖，还是酒旅，此阶段最重要的就是思考：我对什么样的客户提供什么样的价值？我为了完成这个价值需要建设什么样的核心能力？

比如，外卖业务最开始建立的是配送能力，这是为了满足客户需求，美团过去不具备这个能力。这个时候基本上起核心作用的是项目经理和商业分析师，销售团队在这个阶段不重要或者没那么重要，他们就是在一个"蜂窝"或者一个城市做一个试点，来看一下这个东西有没有价值，是需要新建组织能力还是延伸老的组织能力就可以了。

进攻期：核心目的是夺取市场份额，也就是快速放大，这是销售团队最辉煌的阶段。这个时期的核心目的是快速提升市场份额，显性的一个标志就是销售团队的规模会快速扩大，天天忙招聘，天天搞培养，忙着建销售系统、租办公室，然后市场占有率快速提升。很多业务都经历过这样的阶段，这就是进攻期的典型体现，也是很多销售团队、销售干部很怀念的"黄金时代"。那个时候产业研究、商业分析等都是以销售团队为核心来驱动的，都是围着销售转。

发展期：市场份额有点涨不动了，进入僵持阶段，市场占有率达到73%或者64%，这时就要提升效率了。我们要改善营收情况，该赚的钱要赚，该省的钱要省，提升运营利润。此时商业分析、销售运营、财务团队就要顶上来，销售团队也开始出现变化，呈现两个特点：一是销售分层，比如大客户、大客户专员纷纷出现，销售走向精细化，但总人数不会有很大的变化；二是开始出现1+N，除了卖CPS（按销售付费），还要卖CPC（按点击付费）、CPM（千人成本，也就是按千次展现付费）套餐，这是非常典型的。同时，很多销售团队的干部没有那种狂奔的感觉了，很多人也就没那么适应。这个时候销售就从"狩猎者"变成了"耕耘者"，开始转为运营了。

变革期：这是很艰难的阶段，业务涨不动了，竞争对手还会反扑。很多公司进入变革期，问题也出现了，80%的公司撑不过这个阶段。这是大多数公司的宿命，并不是小概率事件。当然有一些企业和业务会比较幸运，找到了第二条增长曲线。这个时候销售团队有两个非常核心的职责：第一是尽可能地维护住原有的基本盘，不要丢得太快，尽可能涨一点；第二是迅速配合产品、商业分析去积极地探索新的增长曲线。

销售策略的匹配：速度优先 vs 效率优先

在成为业务一号位之前，我属于效率优先的那种人，不管在美团还是在其他公司，我总是试图向公司证明我能用更少的人、更少的资源取得比较好的效果。2014年我入职美团，我是第一个把单一业务的销售团队拆分出来，并组建了电销团队的。大家都在背后指责我，说电销怎么能靠谱呢？那么，我是怎么向公司证明这个团队是有存在价值的呢？当时地面销售团队签一个客户要200元，电销签约一家酒店只要50元，于是这个团队得以存在并逐渐发展壮大，具备正当性。电销在当时一定能力更强吗？不一定。专业性、效果都不见得更好，但是便宜。当时美团也没有那么多资金，非常节省，这样的工作环境让我练就了效率优先的工作风格。当时我们只用了1000多个商务拓展、几百个客服就在间夜量上成了行业第一（同时期携程、去哪儿、艺龙三家加起来有8000多个商务拓展、12000多个客服），我总需要去证明我能用更少的钱、更少的人办更大的事。

但这个理念对吗？不一定对。我长期为此自豪。这种自豪来自我的不安全感，以及大局观不够，或者来自对商业竞争的残酷性认知不足。直到我当了业务一号位，我被打脸了。孟子说"天时不如地利，地利不如人和"，美团在讲"天时大于地利，地利大于人和"。孟子之所以这么说，是因为那个时候的科技进步速度、环境变化速度是慢的，也没有那么大的规模效能。但是现在不一样了，个人计算机时代的王者基本都是2000年左右出现的，移动互联网的王者基本都是2010—2013年间出现的。那个时代错过了就是错过了，哪怕特别勤奋也很难赶上。当我开始做业务一号位的时候，我终于发现：假如你做的是一个100亿美元的业务，只要做成了，即便你多花了5亿美元，这都不重要，重要的是你要把业务做成。如果业务没有做成，就是少花5亿美元、10亿美元，也没有任何意义。这是我自己特别重要的一个反思和迭代。当我做销售一号位的时候，我是效率优先的积极拥护者。当我做了业务一号位，以及后来又做了多个业务的管理者之后，才发现有些时候速度更重要。哪怕多花点钱，哪怕组织某段时间处于一个相对混乱、效率相对低下的状态，也一定要把握住天时。因此，进攻期的时候，最好速度优先。到了发展期再去算账，再去提升效率。当然，速度优先的前提条件是有充足的现金储备。

常见的销售策略：效果型策略 vs 效率型策略

效果型策略

客户分层：电销、普通商务拓展、大客户经理、关键客户、战略关键客户。

区域分层：一线城市、二线城市、四线城市、五线城市、旅游城市、海外市场各切一刀。

N+1：过去只是卖团购，卖代金券，现在酒店搞预订，再卖卖广告，或其他商业化产品，N+1。

差异化供给：差异化供给很重要，是在产品丰富度上实现稀缺性。

效率型策略

效率型策略经常用到的是以下四个方面。

武器：你用步枪，我用大炮，用更少的人、更先进的 CRM 管理系统、更先进的运营管理系统，让一个商务拓展能干 10 个商务拓展的事。所以销售一号位有一个非常重要的职责，即要和产品一号位及其下属打好交道。但这些人又不归销售一号位管，所以你得在感情上和他们建立连接，要让他们了解你的需求，从而给你制造先进的装备和工具，这样你的效率就提高了。

培育：培育很重要的是人的培养。如果我们的单兵能力更强大，每个人的能力都能够达标，我们就可以用更少的人，一个兵顶别人五个兵。

渠道：我们怎么能够提升效率？核心是能够找到更高效的分

发渠道。渠道分两种。第一种，供给渠道。比如外卖的渠道商是帮我们找商家、帮我们完成履约，这是供给，英文叫"channel"。第二种，分发渠道。例如酒店的分销渠道，是帮我们卖货，英文叫"distribution"，用"渠道"这个词可能不是非常精准，它更侧重于"分发"。苹果公司就很重视分发，如果能在适合渠道的地方，无论是上货还是分发，采取更合适的渠道管理方式，都能提升整个组织的效率，用更少的人做更多的事。

SOP：能够用更好的管理流程管理SOP。比如客户经理的交接就是非常重要的问题，也就是老客户经理离职后，新的客户经理能不能用科学的方式推进业务。如果不能，基本会浪费这个城市半年的发展时间。过去我观察到，很多业务其实没有科学的交接方式：首先，新的客户经理到来后会推翻原来客户经理的既有策略，这可能会导致原来的一些优秀人员流失，甚至去了竞争对手那里；其次，新客户经理不能很好地了解原客户经理留下的一些对这个市场的积累、判断，可能造成整个策略上的一些错误。美团的酒店业务在这上面吃过亏，新官上任一顿瞎折腾，把这个城市的业务搞得乱七八糟。于是后来美团严格规定了新、老客户经理的交接流程，老客户经理离开之前必须给下一任留下完整清晰的交接信息，无论是业务层面、策略层面，还是组织层面，包括市场情况及问题、团队情况及问题等。有了这些之后就会好很多，我们就不用瞎折腾了。

销售策略制定的常见误区

一是仅以效率优先。不关注效果，账算得很细，但是不够猛。销售团队里面有一些人容易出现这样的问题。

二是足够猛，但方向不一定对。我们有一些销售团队干部是很猛的，敢于要资源，敢于要费用，敢于要人员编制，不给还会拍桌子，展现出很强的自信。但有时候他的方向不一定对，比如美团到餐业务，2020年定策略的时候对2021年制定了比较高的发展目标，但是不够重视城市连锁，但我认为城市连锁肯定是到餐非常重要的一个战略方向。策略总体很猛，但是投入的市场是不对的，猛的不是地方。

三是销售团队的定位、能力和客户的需求不一致，没有做到客户分层和销售团队的匹配。这里还是因为很多销售团队的一把手，很难具备多业务部门的管理经历。我自己相对还算全面，我在做销售一号位之前，做过大客户专员、电销、运营，但没有做过渠道，因此也不是特别全面。如果你的视角不够全面，对于整个销售团队怎么建设、怎么进行客户分层、怎么建立激励方案，你的判断可能就不是特别准确，可能会拿一套方案去匹配所有的东西。比如，对大客户专员的考核周期应该拉长，如果考核签约洲际酒店，每个月考核一次是没有意义的，这需要按年度来考核，因为签下这个客户可能需要三年时间，太过着急反而会让大客户不舒服，最后其实是拿不到结果的。但是针对地面电销，可能就要考核他每天的拜访次数、每天的电话拜访量，颗粒度就要比较细，这是不一样的。

销售目标

销售目标的常见分类

销售目标的设定其实有几种方法，第一种就是按照效果和效率分类，这也是最常见的一种。

效果指标就是指要打多大的仗，主要关注结果，又分结果指标和过程指标。

结果指标可能是市场占有率，可能是 POI（兴趣点）的覆盖数量，也可能是收入。这一指标的判断有三种方法：

一是跟自己比，自己和去年的自己比，等等；

二是跟同行比，看最好的同行，得是它的两倍或者多少倍，这个根据自己的要求来定；

三是跟行业比，比如说酒店行业 2020 年的发展虽然不好，但是在行业内的占比是不错的。同样，如果你觉得自己跑得很快，但其实整个大盘跑得更快，那其实你就掉队了。比如在线教育业务，你的增速为 200%，而行业增速为 500%，那你就掉队了。

过程指标的核心是找到精确的度量方法。这个还挺难的，若以覆盖 POI 测量，直接销售产品的还好，但是如果考虑价格因素，这就涉及抓取与反抓取、建立精准雷达的问题，否则可能给员工的抓手是不稳定的。如果拿一个不稳定的抓手考核员工，员工就会有异议，所以这个不好操作。过程指标要抓那些稳定而清晰的、最好有确定答案的指标。比如说服务指标就比较好考核，因为数据在内部，例如一万个订单，你必须把差评率降低多少，这就好考核。但是涉及竞争的数据就不好考核，甚至难度较大了。

效率指标是指我们用多少资源能打这个仗，用多少人去打这个仗，指标是多少。发展期要尤其关注效率指标，也就是人效指标，人效＝总的收入／人员编制，两个因素都得控制，既要提高收入，还得管理人员的数量。所以在不同阶段，首先要定义好销售目标，是结果型、过程型还是效率型，使用方法是不一样的。我们肯定是要持续提升人效，但是在人效上也容易走入一个误区。其实过去我就有这样的误区，过度关注人效。这样就导致对于低端市场或者效率不高的市场关注不足。举个例子，同样是 100 个人，我们过于关注 ROI 较高的市场，就无法顾及一些下沉市场，其实到店综合业务也存在这样的问题。过度关注和关注不足，都会出问题。

根据不同业务生命周期制定销售目标

第二种方法是根据不同的业务生命周期（进攻期、发展期、变革期）制定销售目标。

进攻期，也就是核心期，应该关注经营指标、市场占有率。发展期，更多是讲人效，偏重效率指标。变革期，第一是持续优化效率，同时协助业务一号位找到第二个增长曲线。

销售目标制定的误区

第一个误区是没有找到比较精准的度量方法，指标的抓手不稳定。比如：明年到底 YoY 涨 20% 好，还是 30% 好？人效应该提升 10%，还是 20%？

第二个误区是到了发展期就会过度关注人效。这样就导致对低端市场或者效率不高的市场关注不足，这个在美团或者阿里巴巴都有体现。比如，阿里巴巴对低端市场重视不足，拼多多出现抢占了这部分市场。美团酒店业务也犯过相同的错误，过去酒店业务过度关注人效，美团对下沉市场的开发以电销为主，但是从 2020 年开始，因为低端市场发展很快，电销已经不能适应这种快速发展、竞争激烈的节奏，所以 2021 年增加了很多人员，并把方式由电销调整为地面销售，从效率优先变成了效果优先，去开拓低端市场。这种变化需要销售一号位有很强的自信，有了准确的科学判断，才能说服业务一号位认可你的策略。

再比如，现在中国很多人从大城市返乡到低线的城市甚至县城，这是一个宏观的经济指标。很多低线城市的酒店供给数量在提升，酒店营销的线上化率占比在提升，这个时候要有比较清晰的作战方法，要能够有理有据地去和业务一号位进行战略上的对齐，或缓慢或快速地打开这个市场，对齐后再找他要资源来支持你。

第三个误区是被动接受业务一号位定下的指标。有些销售一号位比较被动，业务一号位定下一个目标，说明年要达到 30%的涨幅，销售一号位就认了，之后就奔着 30% 的目标去定策略。这是不正确的。正确的方法是先有策略后有目标，比如，看到了流量的新机会，看到了下沉市场的新机会，看到了产品变化的新机会，看到了政策变化的新机会，再去定目标。有些销售一号位和业务一号位的配合没有那么协调，销售一号位就会在业务一号位的强压下先接受这个目标，再倒推或者制定自己的策略，这是非常危险的。

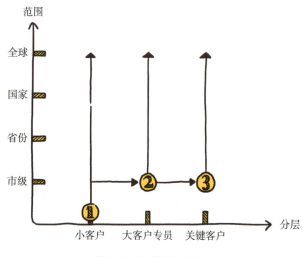

图 5-1　客户分层渗透阶梯

任何一个业务最开始都是先有一个破局点。外卖最开始是校园市场，酒店最开始是三、四线城市酒店单体，团购是小二商家、快驴和 SaaS 的小 B，等等。最开始一定有一个切入点，这个时候的组织架构相对来说是针对一个商户分层，满足这部分商家的客户需求、价值，形成核心能力。团购或者酒店初期，我们是狂拜访、狂上单；现在则变成运营，变成做大客户销售。二者是不一样的。那个时候就是找到一个突破点，以那个突破点进行全国性的快速扩张。

因此，组织架构调整有两种或两个阶段。

第一个阶段，在一个客户分层上打透。美团的很多业务都是这样的，先纵向打，上来先把小客户打通，基本是从县、市到全国，暂时还没到全球。

第二个阶段，一个客户分层打透后，开始横向扩张。构建大客户经理、关键客户、战略关键客户，最后全球化。国内市场还没到这个程度。美国公司不一样，它就展现出强烈的全球化自信，上来就先打通，从小客户到全球化。

总部支撑部门的作用

未来，如果你们想成为优秀的销售一号位，很重要的一点是，在探索期快结束的时候就要开始建立总部支撑部门，包括销售培训、销售系统建设、绩效管理、数据建设、制度建设、纪律检查。基本上就是你准备下一步猛攻了，一定要提前建这几个部门，否则一定会出大事。我们公司很多业务在这上面都付出了很沉重的代价和教训。

所以在探索期的尾声、进攻期的前期一定要特别重视筹建这样一个部门，你们如果不能有敏锐的意识在探索期的末期就开始筹建"四总"，未来打仗一定会摔跟头。建立支撑部门有一个基本的顺序，最开始的时候不要求总部部门既在职能上扩大，又在分层上扩大，同时要先建设小客户的"四总"能力，不要上来就建横向的。

销售一号位的向上、横向、向下和自我管理

1. 与业务一号位沟通的常见问题

我自己当过销售一号位，现在也当业务一号位几年了。从"我服务业务一号位"和"我看我的销售一号位服务我"两个视角，可以梳理出做销售一号位很重要的几个方面，大致如下。

首先，你要承认业务一号位是不完美的，要勇于积极地在思想、行动上和不完美的业务一号位形成补位。要学会欣赏业务一号位身上的优点，我花了5年才意识到这件事。如果你吃不透这句话，很多时候你会带着情绪和他一起工作，那是非常累的。你的心态一定要平和，要学会科学、主动地解决问题，这样你的身心都会愉快很多。

其次，任何时候你都要和业务一号位的业务目标保持一致。业务一号位很多时候受到S-team的挑战和指令，是带着特定的业务目标来的，这个业务目标有时候可能和你的岗位利益有冲突，这时候一定要顾全大局，要和业务一号位达成业务目标的一致。

再次，能力互补。你要能在业务一号位不擅长的领域和方向上积极主动地给到相应的建议和输出，要敢讲真话，要能科学地讲真话，要能既科学又艺术地讲真话。

最后，要适当地妥协。业务一号位再胸怀宽阔，也是人，你

要尊重业务一号位，要能和他就不同观点进行深度的意见交换，这很重要。

2. 与其他部门协同的常见问题

这里面常见的就是项目经理、商业分析、服务部门、HR。这里主要讲讲与项目经理、商业分析的协同。

（1）与项目经理的协同

与项目经理的协同目前是个比较难的问题，要注意这么几个方面。

首先，把需求和方案弄清楚。你要让他对你的蔑视逐渐变成平视，最终变成尊重。如果他总是俯视你，你们很难顺畅地交流。如何能达到目标？核心就是尊重他的专业领域，逐渐交换，再让他尊重你的专业领域，共同服务于业务的统一目标。很多时候销售一号位对于产品经理也不够重视，没有把需求和方案搞清楚，出现这个本质性问题，就容易让产品经理对销售一号位产生反感。

其次是你要能武能文，能和产品经理团队互相尊重。销售团队的核心高级管理干部，不能只会带兵打仗，没有理论基础，如果这样，你就很难获得产品经理和商业分析部门的认可。因此，你要有专业的理论基础，除了商业的通用理论基础，也要有销售这个职能的理论素养。你懂的我也懂，我懂的你不一定懂，你懂的我也不一定懂。大家互通有无，既有交集又有并集，平等交流，就会赢得彼此的尊重。总结下来，双方得有共同的基础，比如"以客户为中心"、三层四面、"商业模式"、"规模效应"、"网络效应"等都是普及课，这些双方都要会。还有一些人家会的，比如产品设计，人家是权威，你可能永远也不会。但是你也有你会的，比如销售目标怎么定、销售组织怎么搭、销售绩效怎么设计、客户怎么分层、客户分层和组织分层的关系，等等。你讲清楚了，他也会尊重你。

（2）与商业分析的协同

与商业分析的协同过程中，也有类似之处，但是还有一些不同。和商业分析交流非常核心且有效的一点，就是你拉他深入一线。当你说服不了他的时候也别郁闷，你带着他一起去见见客户，大小客户都无所谓，让他感受一下商务拓展的艰辛。比如某次酒旅业务的商务拓展就带着高级干部去上海拜访商家，一天只能花30块钱，不能打车，一天下来累得够呛，让干部明白了商务拓展其实也挺不容易的。一起被商家骂一骂，才能更好地换位思考。

3. 团队管理中的常见问题

首先是"近亲繁殖"现象，这在前文中也讲到了。销售团队中的很多干部很讲情义，很希望自己的下属发展得很好，这体现了他温情的一面。但是也要警惕，"近亲繁殖"很容易让这个组织同质化。这是很严重的问题，时间长了组织就只会一种"武功"，就是干部自己擅长的东西。我建议每年保持一定比例的核心干部的新陈代谢，不宜过多，也不宜过少。比如我每年都会调整我的一个直接汇报对象，更换一个、走一个或者进一个。必须让组织有一定的代谢，不断补充新的视角。

其次是团队管理上的"选、育、用、励、汰"。很多人在"汰"和"励"上，不提前做工作，或者工作做得不系统。淘汰是不用你讲的，"法"是透明的。立"法"在先，执"法"在后，他自己知道该走了，也不必造成不必要的事故，不必造成组织和个人之间的利益冲突或矛盾。所以一定要立"法"在先，并保持透明化。同时对应的是"励"，"励"分两个，一个叫"名"，一个叫"利"，要把这个分开看。我们过去经常看到一个现象，即在"名"上说得不清楚。我们提拔一个干部，是风向标，需要让大家理解原因。这个原因没有讲清楚，没有让大家理解这个风向标为什么这样设定，最后就会造成大家对提拔干部机制的不信任，认为机制不科学、不透明，这是非常危险的。在好的干部、好的机制的标准下，不用你说，别人也能理解某人为什么会晋升。好的机制会激发人的善意，不好的机制会激发人性恶的一面。

4. 关于销售一号位自我发展的建议

第一，要想清楚你到底想要什么。人有三个自我，即本我、组织的我和社会的我。到最后，组织的我、社会的我都是服务于本我的。本我就是我到底想要什么。最幸福的人是本我、组织的我、社会的我基本一致的。这样的人活得比较通透、比较自如。不幸福的人就是本我、社会的我和组织的我很拧巴。那就很累，这样的人长期下来就会焦虑，最后有可能会抑郁。所以我想说，销售一号位首先是个人，然后才是一个销售一号位。关键是你要想清楚自己是否很享受做销售一号位，还是说你真的享受做业务一号位。我观察很多人做销售一号位的时候挺幸福的，做了业务一号位之后很痛苦，而且一直、长期都很痛苦。我现在没有特别好的方法判断从销售一号位到业务一号位是否适合，但有一个能确定你不胜任的方法。幸福的家庭都是相似的，不幸的家庭各有各的不幸。只要家庭里有一个控制欲极强的人，这个家庭的成员基本都不会太幸福。什么样的人不太适合做业务一号位？一个不太能清空的人。为什么？还是像前文我讲的那样，你走到今天做销售一号位是因为过去很成功，你要想变得更好，要能胜任业务一号位，就要学会放下过去的一些东西，能够清空过去的一些认知和工作习惯，重塑新的工作理念和工作技能。如果你不能够做到清空就会很累。

第二，无论是销售一号位还是业务一号位，都要在心力、体力、脑力这三个方面均衡发展。

首先是心力。在这方面我也还在修炼之中，所以没有太多能跟大家分享的。

其次是体力。销售干部也很累，经常出差，因此大家要适当地锻炼，要多喝温水，保持健康的身体，拥有良好的体力，这真的很重要。此外，要逐渐地掌握一项自己喜欢的运动，而且要少喝酒。这些都是我在工作中用过且行之有效的。

最后是脑力。正如前文所述，算力这事儿基本定型了，我们要认可这个残酷的前提，智商庸常不丢人，关键是要敢于承认自己是个普通人。算力不行算法补。怕就怕其实你不聪明，但你觉得自己很聪明，不升级算法，那就完了。有句话过去我不信，现在特别信，叫"信息结构比信息总量更重要，经济结构比经济总量更重要"。什么叫信息结构？核心就是算法。比如你屋子里摆了一堆东西，乱七八糟的，你要能把它们归置好，分成不同的区域、不同的类别，结构化整合，以供随时调用。也就是在你遇到任何一个难题时都能够拆解它，找到主要矛盾，然后对付它。但如果你有很多信息，看了很多东西，但不会梳理、总结，那就说明你没有好的结构。大脑里面的信息就像屋子里的东西，得规整好、放好；什么和什么能放在一起用，你得想清楚。你能够通过各种渠道大量地获取全面、真实、及时、客观的信息，但很多人对于信息是一知半解、道听途说的，或者叫"偏听则暗，兼听则明"。脑力中最重要的是算法提升，这个我不展开讲了。如果对此我只能推荐一本书，那一定是《金字塔原理》。这本书大家或许都读过，但关键是要读懂、学会。

关于销售的几个问题

1. 关键客户销售团队有哪些特点？

销售团队存在两个价值，一是服务客户，二是助力业务发展。这是销售团队存在的前提和正当性。如果刨除正当性，这个组织就没有必要存在了。所以，作为销售团队的高级干部，一定不要忘了这两个前提。

关键客户商家有一些特点。首先，它们的组织架构和散户的组织架构不一样。不管是什么业务，对于散户我们很容易见到它们的 KP（关键人），但是如果我们要和麦当劳、洲际酒店全球等关键客户合作，我们得把客户内外所有的组织架构捋一遍，并且需要构建多层的关键人管理能力和语言能力。此外，关键客户对产品的要求是高复合型的。比如洲际全球，既想合作餐饮，也要搞酒店、婚庆、SPA（水疗）等。它的需求是多样，这就要求我们的产品能够满足商家的整体性需求。我们先把这两个维度的事情搞清楚了，再看它的区别。

在团购时代，大多数散户需要的产品都比较简单，都是团购产品。美团的团购产品和当时其他公司的团购产品并没有很强的差异化，它领先于其他对手，主要是在制度上显著地打败了他们。美团在流程上做得是更加科学的，比如早启动、晚分享等，都是在竞争过程中沉淀下来的非常好的流程。

但是到了关键客户时代，事情发生变化了。团购时期，包括现在，以美团的能力，一年招聘 2 万个商务拓展没有什么问题。只要大专以上学历的，机智、勤劳的，培养培养都能成才，要求其实不高。但是关键客户销售不一样，很多时候他们是很难培育的，或者说培育的周期非常长，而且天资很重要。因此，"选"更加重要。关键客户销售的负责人需要在"选"上面下很多功夫，关键客户销售如果选不好，可能"育"个 10 年都不一定能成。

此外，关键客户销售的"器"很重要。库存管理是否清晰，有没有数字化的产品报表？能不能给对方公司的一号位提供各个门店相关的管理工具？因为它有多层的组织架构管理的需求，管理要求是不一样的。这就需要产品和商业分析的配合，提供一个非标的服务，每个集团的要求都不一样，有的时候要发挥人的主观能动性。

注意，关键客户销售很难单兵作战，都是一个团队在战斗。大部分是"铁三角"的组织架构——商务拓展（销售）、售前工程师（方案）、售后工程师（交付）。商务拓展负责商户关系，售前工程师负责技术方案，售后工程师负责销辅，这是世界通用的组织架构。

关键客户销售的最佳是比较好找的，无论是 IT 时代，还是互联网时代。IT 时代的 IBM（国际商业机器公司）、甲骨文公司、惠普、华为等都培养了非常多、非常成熟的关键客户的管理体系和优秀的管理人才。华为现在仍然有很多非常优秀的团队管理者，也有很多甚至 10 年前就在使用的管理方法，美团刚学了三五年。美团对关键客户销售的管理，在"人、事、器"上都是比较弱的。互联网时代，阿里是不错的"最佳"学习对象。无论是阿里云还是天猫，都培养了很多优秀的大客户管理人才，以及比较先进的"人""事""器"相关的一些体系建设，这些都值得我们学习。

2. 客户服务体系与商家服务体系的关系是什么？

美团有三种业务：第一种是和商家一起服务 C 端，比如到家、到店的大部分业务，大部分是交易平台业务，美团和商家联手更好地服务消费者。第二种是纯粹服务 B 端的，比如快驴和 SaaS。

第三种业务是美团自己完成履约，自己就是提供者，不依赖第三方，比如单车、买菜业务。不同的业务形态，服务关系和思考方式不同。

先讲简单的，比如 to B 业务。餐饮 SaaS 软件、快驴，酒店的"别样红"，模式都很简单。交钱和使用的都是商家，只不过里面有不同的角色，有老板、有经理、有一线操作者。因此，美团的工作就是全心全意服务好商家，让商家用好产品。

另外，自己履约的，比如单车和买菜，美团是一个闭环的交付者。这也很简单，美团只要把车搞好，把菜搞好，把水果搞好，让消费者享受到多快好省的服务就可以了。

比较难的就是交易平台业务了。当和商家一起联手服务 C 端的时候，出现纠结或者出现利益冲突，该怎么办？我在这类业务干过六七年，其间也踩过很多坑。

下面我将分为两层，即道德层和法律层来讲这个问题。

先说法律层，因为我对其他业务理解不太深，也不敢乱讲，就讲酒店的几个事情，让大家感受一下。酒店投诉最多的三个问题是到店无房、过期退款、没发票，三件事分属不同的范畴。比如到店无房，商家在平台上确认了房态，消费者完成了预订，这就代表合约的完成，平台也代表商户给消费者发了确认信息。消费者到了酒店之后如果没有房间，我们就简单地把它定义成法律问题，就是必须解决的。如果我们违反了承诺，法律对我们以罚为主。

还有一种是道德层。酒店过期退款有几种情形。一种是预订之后就不能取消；一种是入住当日 18:00 之后不得取消，写得很清楚，但就是有消费者在 18:00 之后打电话说要取消。这就是典型的 B 端和 C 端冲突的案例，对此我们该怎么办？我将此类问题划归为道德层。首先，我们不能罚，如果罚商家，就会激起 B 端的反对。这时候要以激励为主，谁更好地满足了消费者的不太合理的需求，就给他一个奖励。其次，要通过产品设计来减少他们之间的矛盾。比如是不是可以像航班一样改期？今天不住了改天住，商家也没有太大的损失；或者阶梯退款，因为消费者也知道自己要承担部分责任，退款打 8 折，不全额退，消费者也能接受；如果还不行，还可以 C 端闲鱼转让——这个功能还没有上线。所以我们不能一味地只偏向 C 端或者 B 端，我们要像天平一样，科学、艺术地去平衡和缓冲 B 端、C 端之间的冲突，这是很考验我们平台管理能力的。

因此，首先我们要把这三种情况拆开看，这三种对应不一样的服务体系。如果我们要平衡 B 端和 C 端，大概的原则是 C 端优先，但是要兼顾 B 端的利益，不要搞一刀切，否则生态就不完整。因为 C 端是最终花钱的人，是 B 端的客户。但是有一种情况要注意，有一些 B 端很特别，它的货物或者供需地位很强势，所谓一房难求、一餐难求、一车难求，这个时候供需关系发生改变了，我们就要尤其当心了。关键客户销售为什么不好搞？因为关键客户有时候比平台还强大，有很强的议价权。这个时候，我们可能需要为它们量身定做一套特定的服务体系。

3. 不同业务周期对销售一号位的要求有哪些差异？

做业务一号位核心是要知道自己在什么时间，在什么战场，做什么事。人这个动物特别重要的特点是对空间感知敏感，对时间感知不敏感。比如，大家现在都知道你从哪里来到现在的位置的，但如果问昨天这个时间点发生了什么事，很多细节你可能记不清楚了。

业务一号位很难很敏锐地察觉某个业务现在发展到什么阶段了。你会很关注业务的市场份额、竞争对手的发展速度，关注你的预算完成情况，但是你很难特别清楚地感知到现在业务探索期是不是结束了要进入进攻期了，或者进攻期结束了要进入发展期。所以你需要有意识地进行训练。

大家不要试图成为全能型的销售一号位，你就在公司内找适合你的业务阶段的业务就行。美国的创业环境比较成熟，出现了创业 CEO、发展 CEO、国际化 CEO，非常理性。这些公司在不同阶段都找了不同的合适的 CEO，比如最近上市的好几个 to B 的 SaaS 公司，都是在 IPO（首次公开募股）前一年半换了一个比较有威望的高管，让他们带着这个公司顺利上市，这样对企业的回报和个人的回报都是最大化的。这种高管也在满世界找这种机会，这种公司也比较清楚，将公司带到这个阶段就结束，大家都比较理性。因为我们对时间节奏感知不清晰，所以很多销售一号位希望能从头走到尾跑完一个业务，但实际上这很艰难，很考验人性。人的特质不太一样，有的人喜欢创新，有些人喜欢打仗，有些人就喜欢搞精细化运营。人归根到底还是一个生物，还是要被自己的基因控制。有些时候理性不一定能战胜基因，要做到基因和理性的平衡。

4. 销售一号位的能力短板有哪些？

一个比较常见的是当了业务一号位之后官威比较足。这个可以理解，大家在销售一号位熬了这么多年，终于成为业务一号位了，要大展宏图，要锐意进取，要猛烈改革，甚至要在原来的销售一号位同僚面前显示自己的存在感，要控制、要让别人服自己。但往往这样的业务一号位之后都比较艰难。所以我建议从销售一号位到业务一号位刚上任的前半年，最好以学习、继承为主，团结团队，要给自己一个缓冲期。不要盲目动手，多观察观察，多学习。

此外，很多销售线的一号位变成业务一号位的时候发现有两个部门搞不定：一个是产品，一个是商业分析。

对此只有两种办法，要么你妥协，要么他妥协，总不能僵持着。当业务一号位最怕的是内耗，这对彼此的身体、业务发展、组织发展都不好。业务一号位能屈能伸很重要。遇到这种人或这种情况，我建议业务一号位先妥协，先向自己不擅长的商业分析和产品研究退让，这是比较好的。前文讲到三个力——权力、实力、魅力。权力是组织赋予你的，当你还无法展现实力和魅力的时候，就要妥协，拜产品、商业分析部门的一号位为师，多向他们学习。很多销售干部比较刚，不懂得以退为进，不懂得温柔具有很大的力量。

敢于承认自己的不足，就是迈向强大的开始。我们要承认先进、学习先进、超越先进，向其他职能部门的一号位妥协就是承认先进，拜他为师就是学习先进，目标是超越先进。不要想用权力来征服大家，否则往往会失败。不要过分自信，也不要自卑，要不卑不亢。每个人都一定有自己的优点，在面对更大挑战的时候也必然会显露出不足，看到自己的缺点，大大方方承认，并找到改正方法，这就是学习的最佳途径。

5. 如何实现从销售一号位到业务一号位的转型？

美团对高级干部的要求是聪明、韧性、正确的野心（right ambition）。我们都是有自驱力的，对自己的成长有要求，如果对自己的成长没有要求，那反而不好。但我多年的心得是，如果过早地接触了不该接触的事情，就会扰乱我们的心志，这会让销售一号位脱实向虚。每个销售一号位都想讲业务一号位的事情，都想"谋大局"，都想讲一下顶层，都在想"我什么时候能够取代业务一号位"，这往往会害了大家。我们需要正确的野心，切记是"正确"，不是只有"野心"，不要拔苗助长，而是要循序渐进。

今天我还是要鼓励大家成长的，所以要讲讲我的一些经验、挫折和心得。能做到业务一号位的，往往是精英中的精英，"中坚"中的"中坚"，其中很多人在相应的业务上做了很多年。之所以做到业务一号位，是因为你的思考方式、工作方式、领导力方式与这个职能部门相匹配，你是其中的佼佼者。

然而，优秀往往是卓越的绊脚石。这句话我之前不理解，直到经历了从销售一号位向业务一号位痛苦的转变历程，我才开始理解。大部分领导者都在销售岗位做了10多年，我是从商务拓展干起，一步一步干了12年，才管理了全国的销售团队。所以说，如果你不能适应这个职能部门所需要的思考方式、工作方式、领导力方式，你不可能晋升到领导层。销售一号位很多都是能快速拿结果的，能够把情商、智商混合使用去攻下山头，能够把团队成员拧成一股绳。毋庸置疑，如果你不具备这些特点，你很难走得长远。

业务一号位需要做到以下几点：站在综合的视角，既考虑短期、中期、长期，又能站在产研视角、商业分析视角、HR视角、法务视角、专利保护视角、政府关系的视角，全面地看待问题；同时还能把短期、中期、长期的利益平衡发展，既能看到三五年的业务未来，甚至能看到业务的中期，并能拿到一个季度、一年的结果。我成为业务一号位之后，有一半以上的时间在处理业务和外部关系，需要接待投资人、政府官员，需要在各种公开场合发言，处理专利、法务的问题等。所以业务一号位不单单要考虑业务的发展，还要考虑业务和这个社会的关系，既有内部性又有外部性，而销售一号位不太需要考虑外部性的问题。

这里面非常重要的一点是，不同岗位每次的变换都是跳跃性的。其中两个变化是最难的：一个是从管理自我到管理他人，一个是从管理职能部门到管理业务。其他转换，在我看来，勤奋、努力是比较重要的，只要足够勤奋、聪明，坚持时间足够强，基本都能做到大区负责人，但是能不能做到业务一号位？这不好说，很多人本身是非常好的个人贡献者，受到官本位的诱惑，奋不顾身来做管理者，其实内心反而很痛苦。

我之前经常讲，不要把一个专家型人才挪过来做管理者，这样他也痛苦，企业也痛苦，企业还少了一个专家。销售团队过去非常大的一个问题就是太过重视官本位，不重视专业本位，导致销售体系的很多人要想发展只能晋升，所以销售委员会的一个非常核心的价值就是要把 P 线（执行）建立起来，把它提升到和 M 线（管理）同样重要的水平上，这样我们才不会有很多官僚，而是有很多专家型人才，这个组织长期来看也还是健康的。

长期来看，组织不需要那么多管理者，随着科技的发展，管理层会越来越少。比如美团住宿业务，2015 年时它就砍掉了一层区域经理，这对业务没有产生负面影响。过去的经典理论是一个人管 7 个人，现在一个人管 14 个人一点问题都没有，美团有大象①，有视频会议，每个人都可以更方便地进行异地管理，甚至全球化管理。因此，长期来看，我们需要的是大量的专家型人才。

---

① 美团内部通信软件。——编者注

成为管理者有三个重要的转变：第一是管理理念、工作理念，第二是时间分配，第三是工作技能。任何一个人刚刚晋升的时候，都一定是不胜任的。就像我自己刚被提拔成业务一号位时，本身也是不胜任的、不合适的。没有一个人是在完全胜任的情况下才被提拔，那些人早就走了。那怎么办呢？只要这个人具备了80%～90%的相应能力，我们就要给他这个机会。因此，要想得到晋升，就要做好转变。第一，转变工作理念，也就是认知到下一步一个新的岗位和现在的岗位有什么区别。第二，花足够的时间刻意训练自己不具备的工作技能和领导力。第三，理念变化了，时间安排合理了，才能慢慢具备这样的技能。因此，最重要的还是理念。那理念要怎么变化呢？首先，广度和时间长度的变化，这是最重要的。其次，切记业务一号位是船长，影响业务的生死。作为业务一号位，你要有极强的担当精神，所有人都可以下船，你不可以下船，你要为这艘船负责任。在美团的体系下，业务一号位被授予了极大的权力，所以要把责任承担起来，不能等、不能靠，甚至也没有指示。我认为做好这两点最重要，另外也要关注组织的团结。业务一号位提任有两种情况，其中一种是从一群一号位中提拔出来，你过去的同事现在成了你的下属，你能不能控制住，能不能和他们搭班子，这是很重要的一个课题。公司也经常出现一种情况，提拔一个一号位，其他一号位都走掉了。所以业务一号位要有宽广的胸怀，能够以德服人，能够妥协，懂得搭班子，能够把大家团结起来。

销售管理感悟 ^①

本文结合个人、组织、热点问题，深入地剖析有关销售管理的问题，适于希望长期在销售领域发展的人学习。

关于销售组织和人才建设

下一个 10 年，美团会在组织建设和人才建设上更上一层楼，为大家和公司的共同发展创造更好的条件。

我觉得这对整个销售团队的干部而言是一个非常好的消息，大家要把这句话读透：

第一，说明公司更加重视内生型干部的培养；

第二，说明公司以更长远的时间视角来培养干部；

第三，说明公司开始有方法，开始系统性地培养干部。

美团在创立初期及其很多业务的创始初期，从外面引进了很多人才。因此，我们会发现有些时候内部干部的成长速度赶不上从外部招聘的干部的发展速度，大家会有一些失落感。这是客观存在的现象，公司已经注意到了。随着美团成为中国互联网代表性公司之一，从外部引进干部已经不能完全解决它现在面临的所有问题，因此它旗帜鲜明地提出了要加强在内部培养干部的能力。我在美团工作了 6 年，从一个销售管理干部成长为一个业务负责

---

① 本文修改自"美团销售大咖秀"003 期。

人，又成长为多个业务的负责人，并且有幸于 2020 年底加入了公司的 S-team，我个人的发展就是美团众多销售管理干部的缩影和代表，说明公司对销售出身的干部是非常重视的，也是有培养方法的。

展望未来，很多年轻的干部不要着急，不要做组织上的投机主义者，也不要做自己人生的投机主义者，要以 10 年的眼光去规划自己的职业发展路径，给自己做好以 10 年为周期的职业发展分解动作。与高人交流、看合适的书、在"事"上练，你就能够逐步实现自己长期职业生涯发展的目标。

美团现在在销售团队的干部及员工的培养上有一定方法。它成立了 SC（销售委员会），该组织承担了销售人员专业通道建设和销售管理干部培养的工作，组织成员将会尽己所能，按照适合美团的培养方法论，在专业通道和管理通道上给员工相关的指引和帮助。

公司有需求，大家有成长的欲望，销售委员会有赋能，三者结合起来，在未来 10 年，美团将会涌现更多优秀的销售团队的干部，我对此充满了期待。

关于个人成长

1. 如何看待自己的职业发展历程

我个人的发展历程与一些经典的领导梯队的能力构建特别吻合，我就是从管理自我到管理他人，到管理管理者到管理职能团队，再到管理业务（负责独立业务，全面负责多个职能），最后到管理多个业务，经历了这样一个进化过程。

我一毕业就开始做大客户销售，工作两三年之后就成了销售经理，开始管理他人。到了第 4 年，我就有幸调到总部去管销售运营，是泛销售运营，包含销售制度建设、销售培训、呼叫中心建设等。我在这个岗位上干了 3 年，刚开始的时候不是特别适应，之前领兵打仗，能直接、快速地拿到结果，于是觉得自己被赋予了一个虚职，因为很多工作并不会立刻见到效果。到了第二年的时候，我才逐渐享受到这个工作带来的三个乐趣。

第一个乐趣，我更加重视理论和实践的结合。通过理论的学习，我掌握了客户生命周期、多兵种作战等一系列经典理论，我看到了销售团队的一些本质。

第二个乐趣，我开始重视科技建设。因为我负责 CRM 建设和呼叫中心建设，这让我接触到了通过更先进的信息系统，能够如何规范销售的管理行为，如何提升销售团队的作战效率。

第三个乐趣，我更加重视制度建设。因为我当时面对的是全国的销售运营，各个战场、各个城市的差异性非常大，如何制定出一套适应于全国不同城市的分层分级的销售制度，是我之前所不具备的能力，这个阶段让我受益匪浅。完成销售运营的历练之后，我又继续到大区做销售一号位，这个时候由于我经过了总部的历练，就能以比其他大区经理更高的维度和更广阔的视角对销售团队进行管理，从而也取得了非常好的效果，并且逐渐成为全国总销售负责人。

从管理自我到管理职能部门，我总共花了大概 10 年时间，其间接触了大客户销售、电销、面销等多种销售方式，经历了地方、总部的双重历练，有机会跟随全世界领先人力资源外包公司 ADP 的全球销售负责人进行理论学习，并且进行了作战系统的建设。这些帮我在销售团队这个部门奠定了较为扎实的基础，逐渐完成了第一个阶段。

后来我有机会加入了万达电商，作为初创公司的运营负责人，从零开始学习互联网电商的运营方法论并且开始实践。我在这个岗位上工作了将近 3 年，在不断学习、不断实践的过程中，逐渐掌握了这一职能部门的一些运作规律。

2014 年，我加入了美团，跟着陈亮组建当时的酒店事业部，我负责销售和运营的相关工作。这个工作正好把我职业生涯积累的经验都完美地用起来了。基于酒店业务的特点，我们组建了当时美团为数不多、在全行业也比较领先的多兵种混合战区的作战模式，而不是大区作战模式。首先确定兵种，我们划分了电销、地面销售、大客户销售。这是因为我们当时就看到了全国酒店的分层，并且分了经济单体酒店、经济连锁酒店和高星酒店三层。基于客户分层，我们组建了不同的销售团队，这也是我们区别于其他主要竞争对手的非常重要的组织制度。后来几年证明，我们的组织建设制度是先进的。组织制度是组织能力非常重要的一个要素。2015 年 12 月 1 日，我被美团任命为住宿事业部总经理，我在这个岗位上一干就是 3 年，有机会向美团很优秀的同事学习，比如向懂产品、懂商业分析的同事学习。这属于过去我所不具备的能力，他们既是我的下属，也是我的老师，在这方面给了我很多指导，并没有嫌弃我不懂。

在这个阶段，我真正开始从过去对科学技术关注到开始对科学技术进行实践。

我们全面地转型了，从过去的团购产品模式转向了预订的产品模式，在业内推出了领先的 HOS、天狼等管理系统，也推出了作战管理系统，对服务进行了优化。我自己也从一个单一的职能部门的管理者逐渐成了一个综合型的管理者。2018 年年底，我开始接触、负责门票度假事业部这样新的业务单元，看到了不同业务之间的差异性和关联性，以及不同业务之间应该相互学习什么，相互复用什么，如何通过思想的交流融合、组织上的交流融合和能力上的交流融合，让两个业务都变得更加强大。同时，我也开始接触战略层面的学习，对业务的开关并转，对于业务未来 5 年、10 年的思考，让我能够去考虑得更长远，让我能够去考虑得更宏观，看得更远的同时，看到大的机会。

简单总结一下就是，我在管理自我的同时，学会了如何成为一个合格的销售，并且成了基本功过硬的商务拓展。我在管理他人的同时，掌握了基本的团队管理的方法论；在总部做销售运营的时候，我掌握了制度建设、科技建设的一些初步的方法论。在我成为一个全公司整体的销售负责人的时候，我能够站在全国的角度去制定规则，搭建不同兵种的销售团队，做到效率和效果的平衡，做到短期目标和中、长期战略的结合。

到了美团之后，我有机会在公司的培养下不断学习，看合适的书，与高人交流，在"事"上练，最终成为一个多元的综合管理者，有机会成为业务一号位。在这个过程中，最重要的是复利效应，我学习了很多过去我不擅长的东西，并且把这些不同的知识组合起来，让它们产生复利效应。到了后期，我更加重视战略的学习，并且根据新的战略去重塑组织的能力。

我想说的是，任何一个想在管理上进行长期发展的人，都要认真地去学习领导梯队不同阶段的能力的构建，同时读那些非常经典的书，读透并灵活运用起来，这样才会受益匪浅。在我成长的过程中，我经历了两次非常关键的转折。

第一次发生在我从地方调到总部做销售运营的第一年。我当时觉得公司把我打入"冷宫"了，我甚至想离职。后来有机会接触到 Monster 的前销售负责人，他给我系统地讲解了客户生命周期、多兵种作战以及销售武器应用的这些核心理论，让我看到了一个非常广阔的世界。这个世界是我以前想都没想过的，让我充满了力量。从第二年开始，让我走我都不走了，我爱上了这个岗位，全身心地投入进去。现在想来，那个阶段对我帮助太大了。

另一次发生在我成为业务一号位的前期和刚做业务一号位的时候。大家都知道，很多销售团队干部学历不太高，理论水平不太强，在和产品经理（都是高级知识分子，知识密度很高）交流的时候是没有自信的，双方无论是在理论方面还是认知世界的深度方面都有差距。这时候怎么办呢？放弃吗？于是，我想起了"空杯心态"，所谓空杯心态就是杯子不能再倒出水了，因为它是空的，只能被倒入水。人也一样。我们的眼睛、耳朵是负责输入的，嘴巴是输出的。在那半年，每次开会我都把嘴巴闭上，张开我的眼睛、打开我的耳朵去学习。这个时候，产品经理团队给了我很大的支持和帮助，通过观察他们和对他们过去的文档的学习，我掌握了产品经理团队基本的工作方法论，得到了他们的信任和认可。这个阶段非常痛苦，因为超出了你的能力范围，但是过了这一关之后，你就像被打开了任督二脉，就能够用更加多元化的视角去看待业务，看到中长期，看到制度和科技结合之后的巨大红利。

因此，我也希望销售团队干部都能够勇敢地、有方法地去迎来自己的任督二脉打通的那个时刻，从而看到更大的世界。

2. 如何看待自己职业发展的不足之处？

回想自己的经历，我觉得有三个方面可能是做得不太好的。

第一，进入互联网电商行业晚了；

第二，看的好书少了；

第三，之前一直没有主动地去和高人交流。

这三方面现在看来是我比较大的一些错误，下面我分别讲一下。

为什么说进互联网行业进晚了呢？一个人、一家企业，要想有好的发展，必须和这个时代最先进的生产力结合起来。一个国家，比如日本，作为工业文明时代的强国基本错失了互联网时代的机会；一家企业，比如 GE（通用电气公司）这家曾经培养了世界很多一流企业 CEO 的公司，在互联网时代也黯然失色。我个人也有同感，移动互联网作为过去 10 年最重要的先进生产力之一，我拥抱晚了。

而且，我好书读得少。应该说在 2015 年之前，我读书是比较随机的，看的都是自己喜欢的一些历史书、军事书、小说等，对于一些科技、管理、人生、未来学、经济学、金融学的学习，基本上是没有的。这就导致我的认知非常局限，我无法洞察到目前这个社会上、这个世界上，最先进的科技浪潮是什么。

另外，我没有主动地去寻找和最优秀的人才共事的机会。巴菲特说过一句话，如果你想成为优秀的人，就要向最优秀的人学习。我过去是没有这样的思想意识的，主要靠自修，然而实践证明这是非常慢的。到了美团之后，我才知道我个人距离这个时代最优秀的一群互联网商业人才的洞见有多么大的差距，于是我就拼命地学习，像海绵一样尽力吸收各方面的知识。我个人感觉，我在美团 6 年的成长速度是快于我前 12 年的，而在美团后三年的速度又是快于前三年的。

关于销售管理方面的心得

1. 如何看待市场竞争和团队的战斗力？

我觉得竞争很难一刀切，随着美团成为一家综合性的生活服务公司，涉足了餐饮、外卖、酒店旅行、电影、到店综合、快驴、SaaS、小象等多个业态，在不同业态上，美团面对的竞争对手是不一样的。面对的竞争对手的组织能力、产品形态，包括美团自身的业务所处的生命周期也都是不一样的。我认为当下所处的阶段和过去的激烈程度没有办法简单对标，只能说当下的竞争态势更加复杂、更加多元化了。

同样，我也认为我们现在整个销售团队的能力或者说作战能力指数很难一刀切，需要分层分类来看。由于不同的业务所处的生命周期不同，在我看来，销售团队的能力水平方差目前也是比较大的，需要根据业务特色制定不同组织架构、兵种建设、销售工具建设。客观来讲，销售委员会成立的晚了。要想让不同业务的不同销售团队都能快速发展，最重要的是进行开放式交流和相互学习，各取所长。一个组织的开放程度决定了它的文明程度，企业内部也是一样的，这正是美团销售委员会的价值所在——加强多个业务、多个不同生命周期的业务在销售上的各种交流、人才的流动和工具的建设。正如前文所述，这是因为我们面对的市场，我们的业务本身，我们的客户分层，都更加多元化了，局面更加复杂，很难用一种方式、一个指标、一个作战策略去管理所有业务的所有团队，因此必须从过去的单一管理模式走向现在，走向未来的基于商户分层、业务分类的细分的销售队伍建设。

2. 如何看待销售的人才培养？

这是一个非常宏大的课题，首先我们要对销售团队进行分层分类。首先要切分不同的业务类型，比如 to B、to C；其次要切分不同的作战方式，比如电销、地面销售、大客户销售、渠道。我们还有两种路线，专业路线和管理路线。基于不同切分，我们需要在纵向和横向做不同的销售管理建设。纵向指的就是通道，比如电销、渠道、大客户；横向指的是所在通道的级别，M1-1 到 M2-1，P2-1 到 P3-1。所以说，我们需要根据纵向分类和横向分层，形成"销售学院"的基本培养套路。在这方面我认为美团是有最佳实践可以学习的。

未来，销售学院的搭建要非常注重教材的统一性和专业性的结合，注重讲师队伍的培养。教材既要保持不同兵种、不同级别的专业性，又要保持同一兵种、同一分层的统一性，否则就乱套了。理论如果是多样化的，是不完整的，甚至错误的，就会把学员引入歧途。

公司要对讲师进行认证，当然要有奖励，既要让他们愿意讲课，也要让他们为讲课的结果和过程负责；同时要通过统一教材和讲师认证，缩小讲师的方差，来保障讲课效果的优良，从而对学员的成长负责。不过，美团销售学院的建设我认为是漫长的，还处在摸索之中，因此各级销售管理干部都要踊跃地提升自己的水平，积极发现问题，提出需求，帮助销售学院建设得更好。

此外，较为重要的一点是先解决好中高级干部在工作上、管理上、职业发展通道上的一些问题，只有把中高级销售干部的问题搞清楚并解决好，才能够自上而下地带动更多问题的解决。

3. 多次被客户拒绝产生抵触心理，怎么办？

这个确实是非常普遍的现象，我把我的思考跟大家分享一下。

第一，销售本身就是一个概率行为，一定会有一些客户拒绝你，这是一个规律。认知到这是一个规律之后，你就不会因被某些商家拒绝而感到受伤，因为它一定会发生。

第二，高手和非高手的区别就在于被拒绝概率的大小。同样是 100 个商家，高手去谈判，被拒绝率可能是 50%；非高手去谈判，被拒绝率可能是 80%。所以核心问题在于，我们如何降低被拒绝的概率，提高成功率。

因此，被拒绝是必然的，我们要关注的是如何去提升成交概率，这里是有规律可循的。首先，你要搞清楚自己是否适合做销售：你是更关注成功带来的喜悦，还是更关注被拒绝带来的痛苦？你能不能从每次被拒绝的经历中进行自我反省和成长？从成交中获得的成就感是否大于被拒绝后的痛苦感？如果答案都是否定的，你可能不适合做销售。不做销售，上面的痛苦就减弱了，那就换个职业吧。

其次，如果你通过了刚才的验证，适合做销售，就可以通过两个办法提高自己：一是向标杆学习，二是分层分类。

什么叫向标杆学习？就是你要找到这个组织里成功概率比较高的那部分商务拓展，观察他们是如何工作的：如何去寻找商家？在与商家初次沟通、意向邀约、合同签署、后期经营时是怎么做的？用了什么方法，用了什么话术？如何成为客户信赖的顾问……你要拆解动作，像素级地向最佳学习。

另外就是分层分类，你要把你过去接触的所有商家进行分类，横坐标可能是商家的规模或者是特点，纵坐标是你成功的概率，上面是成功，下面是失败，这样你就可以知道在你现在所有的能力圈里，什么样的商家是你成功概率比较高的，什么样的商家是你成功率是比较低的。然后，你就可以优先去开发那些成功概率比较高且特点比较明显的商家。先拿到业绩生存下来，同时逐渐提升自己的销售自信心，之后再在你不擅长的领域，向你的上级、师傅、最佳实践者去请教。

我们简单抽象一下，这里其实是两个问题，一个是心理状态问题，一个是能力问题。对于心理状态问题，销售人员必须明白，销售天生就是一个概率上的成功事件，必然是有失败也有成功，我们要客观看待它。对于能力问题，则要通过技能的提升，通过向最佳实践学习，通过分层分类，找到目前能力最适合的客户类型，进而提升成功概率。

致谢

感谢中信出版社的赵颖老师。如果没有她的邀约和再三鼓励，我可能没有写这本书的勇气；如果没有她的持续督促，我可能就会给自己找个琐事缠身的理由，半途而废了。

感谢美团对我近 8 年时间的培养，帮我完成了从销售负责人向业务负责人、多业务负责人到美团 S-team 成员等角色的转换，让我的视野更加开阔，让我的方法论更加系统和完整，帮我更能理性地看待生活和工作中的许多事情。

我怀念在美团销售委员会的那段时光。虽然我在委员会的职务只是一个兼职岗位，但是每每想到美团有 4 万多销售同学对销售委员会抱有期待，我心中就不由得燃起一种责任感。这种责任感会督促我去思考、去行动，尽自己的微薄之力做一些力所能及的事情。

感谢美团酒旅的各位战友。在美团酒旅 7 年左右的时间里，我有幸能和大家一起并肩作战，为消费者、为商户做一些有价值的事情，并且有机会在这个战场上实践自己的管理理念。

感谢阿干。虽然我和阿干没有直接的工作交集，但是阿干传承下来的文字、视频给了我很多启发，也使得我的销售管理理念更加充实和完整。

感谢肖海燕同学。她用自己独特的提问方式帮我打开思路，让我口若悬河、滔滔不绝，而且她还帮我将要点记录下来，耐心整理。

感谢陆军、韩燕、何榕三位同学。他们在数次与文稿相关的会议中率真发言，给我许多启发。

感谢很多曾和我一起并肩作战的战友。感谢你们在繁忙的工作之余，给本书提供很多真诚、深刻的建议和批评。

让我们一起思辨，用科技追求真理。